"십대들의 책쓰기와 강연 코치 천재작가 김추수의 깨달음"

십대에 책을 써내라

김추수
지음

날개미디어

| 목차 |

It doesn't matter what you are thinking, or what fear you have, if you just do it!
Action is the only thing that matters.
I can see that at the end or my life,
I am not going to look back and say,
"I wish I had taken more action."

-Diana von welanetz wentworth-

일단 실행에 옮긴다면 무슨 생각을 하든 어떤 두려움을 갖든 중요하지 않다.
실행이야말로 중요하고도 유일한 것이다.
나는 최소한 생의 마지막 순간에 삶을 되돌아보며
이렇게 후회하지는 않을 것이다.
"좀 더 많은 것들을 실행에 옮겼더라면 좋았을 걸."

-다이애나 폰 벨라네츠 벤트워스-

[머리말]

"행복한 천재작가 대부호의 삶을 살라."

십대면 무엇이든 할 수 있는 나이입니다.

며칠 전에 서점에 가보니 십대를 위한 책은 많았지만 '십대가 쓴 십대를 위한 책'은 찾기 어려웠습니다. 어른들은 십대들에게 나름대로 엄하게 충고합니다. 결국 한 마디였습니다.

"꿈을 가져라. 그리고 공부 열심히 하고 똑바로 행동하라."
다들 공부 열심히 해서 일류 대학에 들어가란 잔소리입니다.

나는 십대의 위치에서 나와 같은 십대들에게 무한한 꿈과 용기, 자신감을 불어넣어 주고자 이 책을 쓰게 되었습니다. 십대에 세계적인 사업가가 되고 작가와 강연가가 될 수 있다는 확신을 심어 주고자 이 책을 썼습니다. 정말 그렇게 될 수 있습니다.

당신은 한번뿐인 소중한 인생을 어떻게 살겠습니까?
"행복한 천재작가 대부호의 삶을 살겠다."
나는 이러한 독보적인 길을 선택했습니다. 그러면 안 됩니까?
수많은 사람들이 병들고 늙어 죽게 되었을 때 크게 후회합니다.
"내가 원하는 삶을 살았더라면……."
후회해도 소용없습니다. 인생은 한번뿐입니다. 다시 시작할 수 없고 처음으로 돌아갈 수도 없습니다. 그렇기에 앞만 바라보며 나아가야 합니다. 새로운 것을 깨닫고 경험하기에도 바쁩니다.

앞만 보고 나아가도 인생은 짧습니다. 다른 사람의 기준에 따른 눈치를 볼 필요가 없습니다. 세상은 항상 다른 사람을 위해 살라고 촉구합니다. 하지만 당신의 인생에서 가장 중요한 대상은 당신 자신입니다. 당신이 먼저 행복해지고 꿈이 이루어져야 다른 사람들을 마음껏 도울 수 있습니다. 당신은 인생을 어떻게 살 것입니까?

나는 저술과 강연을 통해 멋진 인생을 살기로 했습니다. 책을 쓰는 것은 예술가의 길을 걷는 것인데 그렇다고 가난해야 할 필요는 없습니다. 이름난 미술가들과 작가들은 돈을 많이 벌었습니다. 레오나르도 다빈치는 그림 한 점이 10억에 달했고 라파엘로는 대저택을 가지고 있었습니다. 피카소는 억만장자였습니다. 작가였던 볼테르는 자신의 책값을 아주 높게 매겨 팔았는데 모든 왕족과 귀족들이 가격에 상관없이 그의 책을 사곤 했습니다. 그는 화려한 저택과 도서관, 성(城)을 가지고 있었고 1,200명의 하인을 거느렸습니다.

나는 작가와 강연가로 일하며 정신적인 지도자의 위치에서 사람들을 이끌기로 선택했습니다. 이것이 내가 가장 잘할 수 있는일입니다. 당신도 나처럼 '행복한 천재작가 대부호'의 삶을 사십시오.

그러려면 용기가 필요합니다. 용기만 있으면 당신이 원하는 모든 것을 얻어 누리며 행복하게 살 수 있습니다.

기왕이면 낙천가 마인드로 행복하게 살며 마음껏 누려야 하지 않겠습니까? 나는 내 꿈과 소원이 다 이루어졌다고 믿고 낙천가 마인드로 살고 있는데 정말 모든 일이 저절로 다 잘되고 있습니다.

그렇습니다. 크게 성공하려면 끝에서부터 시작해야 합니다. "이미 성공했음" 이라고 믿고 생각하고 말하고 행동하십시오.

남들이 당신을 어떻게 생각할까에 발목 잡히지 마십시오. 남들의 기준에 따라 밑바닥 인생으로 살면 반드시 후회하게 됩니다.

성공해서 최고 최상의 삶을 살아야 합니다. 천국 같이 행복하고 부요하고 건강하고 지혜로운 삶, 즉 성공적인 삶을 사십시오.

나와 함께 멋진 여행을 시작합시다.
가슴 설레지 않습니까?

2013년 6월 10일 잠실에서

십대자기계발연구소 소장 김추수

십대에 책부터 먼저 써내라

당신은 책을 써 본 적이 있습니까?

태어나서 지금까지 남의 책을 읽기만 하지 않았습니까?

나는 열일곱 살에 첫 책을 써냈습니다. 그로 인해 내 마음은 꽤 만족스러웠고 주위 사람들에게도 성공했다고 인정받았습니다.

당신도 책을 써내야 합니다. 다른 것은 100년도 채 안 되어 사라지지만 책은 자손 천대까지 남습니다. 40명의 공동 저자로 쓰인 성경책이 6천 년간 남아 있습니다. 책의 힘은 대단합니다.

만사를 제쳐 두고 책부터 써내야 크게 성공합니다.

책을 써내면 당신에게 어떤 신기한 일이 벌어질까요?

첫째, 책을 써내면 주위 사람들이 크게 놀랍니다.

왜냐하면 평범한 사람들은 꿈도 꾸지 못할 책을 당신이 용기를 가지고 시도하여 써냈기 때문입니다. 대부분 사람들이 책을 쓰는 것은 정말 그 분야에서 전문가라고 인정받는 대단한 사람만 가능하다고 오해하고 있습니다. 하지만 그렇지 않습니다. 책쓰기 원리만 알면 누구나 쉽게 책을 쓸 수 있습니다. 정말입니다.

책을 출간하면 "어떻게 책을 썼냐? 대단하다"며 주위 사람들에게 연락이 옵니다. 또 책은 큰 자랑거리가 됩니다. 자신이 쓴 책을 당당하게 내밀며 "너희도 나처럼 살아라"고 큰소리칠 수 있습니다.

우리는 태어나서 지금까지 "책을 많이 읽어야 한다"는 말을 귀가 따갑도록 들으며 남이 써 놓은 책을 돈 주고 사서 읽기만 했습니다. 자신이 직접 책을 써낸다는 생각은 꿈도 꾸지 못했습니다.

언제까지 그렇게 남의 책만 읽을 것입니까? 인생을 10년, 20년 살았다면 나만의 책을 한 권이라도 써야 하지 않겠습니까? 1년이면 365일이고 10년이면 3,650일이 됩니다. 십대라 할지라도 3,000일을 살았습니다. 그동안 당신이 얼마나 많은 일을 경험했겠습니까?

당신도 남의 책을 읽지만 말고 자신의 책을 써 보기 바랍니다. 책을 써내는 것이 당신이 귀중한 생애에 이룰 수 있는 가장 큰 업적이라 해도 과언이 아닙니다. 책은 당신의 분신과 같습니다. 죽지 않는 분신을 최대한 많이 만들어 놓고 죽어야 합니다.

모든 사람은 죽습니다. 내 책장에 꽂힌 수많은 사람들이 다 죽었습니다. 하지만 그들은 책을 통해 내 곁에 살아 있습니다. 당신도 언젠가는 반드시 죽습니다. 하지만 당신의 책을 통해 사랑하는 사람들 곁에 오래오래 살아남을 수 있습니다.

이스라엘 작가 아모즈 오즈는 "유대인인 나는 사람들에게 환영받지 못했다. 우리 민족도 세계 어디서도 환영받지 못했다. 하지만 책은 모든 사람에게 환영받고 그들의 집에 들어가고 그들의 서재와 안방의 책장에 꽂혔다. 책은 수많은 사람들의 가슴에 안겼고 그들의 스승이 되었다. 나는 그런 책이 되고 싶다"고 말했습니다.

당신이 죽으면 책으로 다시 태어날 수 있을까요? 그러기 위해 죽

을 때까지 기다릴 필요도 없고 책으로 태어나길 애타게 바랄 필요
도 없습니다. 지금 당장 책을 써내면 됩니다. 책을 쓰십시오.

옷은 10년 남습니다. 빌딩은 100년 남습니다. 하지만 책은 천년,
자손 천대까지 남습니다. 책만큼 수명이 긴 것은 어디에도 없습니
다. 사람들은 신문, 잡지를 버리지만 책은 버리지 않습니다. 출판사
가 망해도 또 다른 출판사가 당신의 책을 냅니다. 책은 세계 각국
언어로 번역되어 비행기를 타고 세계를 날아다닙니다.

그러므로 책을 쓰십시오. 책은 가장 저렴한 비용으로 가장 효과
적으로 당신의 이름과 삶과 깨달음을 널리 알릴 수 있는 가장 강력
한 도구입니다. 책을 써내면 고수가 되고 스승이 됩니다.

책을 쓰는 것은 방법만 알면 쉽습니다. 이 책에 그 비결이 담겨
있습니다. 나는 당신이 이 책을 읽고 독자의 위치에서 저자의 위치
로, 사인 받는 위치에서 사인하는 위치로, 지식 소비자의 위치에서
지식 생산자의 위치로 옮기기 바랍니다. 그렇게 자신의 포지션
(position, 위치, 자리, 지위)을 바꾸어야 크게 성공합니다.

둘째, 책을 써내면 여기저기서 강연 요청이 들어옵니다.

책을 써내면 학교나 기업체, 관공서 등 강연장에서 강연을 해 달
라고 요청이 들어온다는 것입니다. 또한 당신 자신이 직접 당신의
이름을 내걸고 등록비를 받으며 강연회를 열 수도 있습니다. 책을
통해 자신의 존재와 천재적인 재능을 알리고 강연을 함으로써 다른
사람들에게 유익한 깨달음을 주면 많은 수입이 생기게 됩니다.

돈은 많을수록 좋습니다. 그래야 먹고 싶은 것 마음껏 먹고, 하
고 싶은 일 마음껏 하고, 가고 싶은 데 마음껏 갈 수 있습니다. 그

렇게 풍요롭게 사는 것이 행복한 인생 아니겠습니까?

셋째, 책을 써내면 전문가라고 인정받습니다.

보통 사람들은 책을 특정 분야의 전문가들이나 지식이 많은 사람들만 쓸 수 있다고 여깁니다. 그렇기에 당신이 책을 쓰면 '전문가'라고 인정받고 '작가 선생님'의 칭호를 얻게 됩니다. 당신에게 또 하나의 새로운 최고의 존경받는 직업이 생기게 되는 것입니다.

나는 이 책에서 책을 쓰라고 여러 번 강조할 것입니다. 책을 쓰는 것만큼 빠르게 사람들에게 인정받는 길이 없기 때문입니다. 당신도 책을 써내므로 주위 사람들에게 인정받으십시오.

나처럼 이렇게 혼자 두꺼운 책을 써내는 것이 부담이 된다면 공동 저자로 책을 내십시오. 나도 첫 번째 책 〈원하는 것을 얻으려면 지금 저질러라〉는 공동으로 냈습니다. 당신이 공동으로 책을 내고 싶다면 02)416-7869로 지금 전화해서 '김추수와의 공동 저자'에 등록하면 됩니다. 지금 전화하십시오.

나는 공동 저자로 책을 낸 후 그 이전과 완전히 달라졌습니다. 무엇보다 내게 책을 쓰는 천재적인 재능이 있다는 것을 확인하게 되었고 책이라는 결과물을 통해 큰 자신감을 얻었습니다. 그리고 더 큰 용기를 얻어 이렇게 두 번째 책은 단독으로 내게 되었습니다.

전문 강사가 되거나 자신의 직업에 대해 몸값을 높이려면 반드시 책을 내야 합니다. 신문광고나 잡지 광고는 한번 읽고 날짜가 지나면 모두 버립니다. 텔레비전 광고도 일회성입니다. 10초 또는 20초에 수억 원의 돈을 내야 합니다. 그래도 그 짧은 시간이 지나면 곧바로 다음 광고가 나옵니다.

하지만 책은 다릅니다. 책은 버리지 않고 항상 책꽂이에 꽂혀 있습니다. 이사할 때 신문과 잡지는 버려도 책은 가져갑니다. 수백 수천 년이 지나도 남아 있습니다. 책은 독자의 내면으로 파고들어 그 사람의 마음을 움직이고 행동을 유발합니다.

꼭 책을 써내야 인정받느냐고요? 다른 길은 없냐고요? 물론 있습니다. 하지만 책만큼 권위 있는 것은 어디에도 없습니다. 책에는 신적인 권위가 담겨 있습니다. 그러므로 책을 내야 합니다.

모든 새로운 역사는 책을 통해 시작되었습니다. 어떤 사상도 역사도 업적도 책으로 출간되지 않는 것은 잠깐 있다 안개처럼 사라집니다. 책은 사라지지 않고 후세에 계속 영향을 끼칩니다. 한 줄 기록으로도 수십 편의 사극이 만들어지기도 합니다. 한 줄 기록으로도 역사가 뒤바뀝니다.

책을 써내는 것은 다른 사람들과 구별된 스토리의 길, 독보적인 길, 천재적인 길을 가는 것이기 때문에 주위 사람들과 경쟁하지 않으면서 가장 빠르고 쉽게 인정받을 수 있습니다.

십대에 책부터 써내면 학과 공부와 상관없이 주위 모든 사람들이 당신에 대해 좋은 감정을 가지게 될 것입니다. 다른 것은 좀 못해도 그냥 넘어갑니다. 이미 큰 성공의 결과물인 '책'이 있기 때문입니다. 당신에 대해 성적표가 아닌 책으로 말하게 해야 합니다.

어떤 푼수 같은 엄마가 자식 성적표를 들고 돌아다니며 자랑합니까? 자식이 전교 2등이어도 전교 1등 엄마를 만나면 꼬리를 내려야 합니다. 하지만 당신이 쓴 한 권의 책은 그 힘과 가치가 학교 성적표나 일류 대학 졸업장보다 백배나 두껍고 무겁고 큽니다.

고아이큐, 고학력, 고점수의 굴레에서 빠져나오십시오. 나처럼 작가와 강연가의 자유롭고 행복한 삶을 사십시오. 학교를 졸업해야 하고 학과 공부를 꼭 해야 한다면 성적에 너무 연연해하지 말고 그냥 즐겁게 하십시오. 공부를 즐기십시오. 잘 하는 과목을 더 잘하기 위해 학원을 다니십시오. 못하는 과목에 너무 집착하지 마십시오.

나는 당신이 방학을 이용해서라도 책을 꼭 써냈으면 합니다.

당신이 쓴 두꺼운 책을 한 권 내밀면 모든 사람이 고개를 숙이고 대단하다고 인정합니다. 책은 죽어라고 교과서를 외운 후 한 시간 동안 시험 친 결과인 점수를 기록한 얇은 스펙 한 장이 아닙니다. 당신 안에 있는 십 수 년의 지혜와 지식, 경험을 담은 두꺼운 스토리 뭉치입니다. 그래서 힘이 있는 것입니다.

시험 점수를 기록한 생활기록부가 당신의 인생에 큰 힘이 되는 것이 아닙니다. 실제로 졸업한 후에 그것을 볼 일은 거의 없습니다. 생활기록부가 아닌 삶의 기록부를 가져야 하는데 그것이 곧 책입니다. 나는 당신에게 이렇게 외치고 싶습니다.

"당신의 삶을 기록하라. 그것이 곧 당신의 책이다."

성적표와 졸업장이 아닌 당신의 이름이 박히고 당신의 삶에 대한 이야기가 새겨진 당신의 책으로 당신을 말하십시오.

책을 써내면 수퍼노바 곧 초신성이 됩니다. 초신성(supernova, 超新星)은 다른 별들보다 일만 배에서 수억 배나 더 빛나는 별을 말합니다. 완전히 구별된 별입니다. 책은 당신을 구별되게 합니다.

역사적인 모든 위인들이 책을 써내므로 자신의 존재와 가치를 알렸습니다. 책을 써내면 당신의 과거를 정리하고 현재의 위치를 파

악하고 미래의 성공을 예언하게 됩니다. 그러므로 지금 당장 컴퓨터를 켜고 책을 쓰기 시작하십시오.

십대에 자기 계발에 투자해야 한다

당신은 매일 혼자만의 시간을 가지고 있습니까?

나는 중학생 때부터 혼자 있는 시간이 많았습니다. 나는 중학교 때 왕따를 당했기 때문에 자동으로 혼자만의 시간을 가질 수 있는 기회가 많았습니다. 하지만 내가 원한 것도 아닌데다 자기 계발이란 것 자체를 몰랐기에 혼자서 쓸쓸하게 지내기만 했습니다. 그러다 자기 계발에 대한 것을 깨닫고 난 후 지금은 의도적으로 혼자만의 시간을 가지며 적극적으로 자기 계발을 하고 있습니다.

당신은 "회사 때문에 시간이 없다"거나 "그럴 시간에 돈을 벌겠다"는 등 여러 가지 핑계로 자기만의 시간을 가지지 않을 수 있습니다. 생각을 바꾸어 지금이라도 자기만의 시간을 가져 보십시오. 그러면 당신 안에 있는 무한한 잠재능력을 끌어 낼 수 있습니다.

생각할 시간에 더 많이 땀 흘리며 일해서 돈을 더 벌자는 생각을 하는 사람은 마냥 제자리에 머물기만 할 것입니다. 이마에 보이는 땀을 흘리는 것도 중요하지만 이마 속의 두뇌에 보이지 않는 땀을 흘리는 것이 더 중요하며 그런 사람이 더 큰 돈을 법니다.

회사에 다니느라 시간이 없습니까? 자신의 사업으로 인해 시간이 없습니까? 아니면 학생의 경우 놀기 바쁘다고 혹은 공부한다고 시간이 없다고요? 모두 핑계입니다.

혼자만의 시간을 만들 수 있음에도 만들려고 하지 않는 것일 뿐입니다. 회사에서라도 얼마든지 혼자만의 시간을 만들 수 있습니다. 일하다 잠시 쉬는 시간, 점심시간 등을 쪼개면 하루 30분 정도는 얼마든지 만들 수 있습니다.

학생들도 마찬가지입니다. 학교에서 쉬는 시간에 혼자 있는 시간을 정하고, 점심시간에 밥을 먹기 전이나 먹은 후에 십분이라도 혼자만의 시간을 확보해야 합니다. 생각하고 전체적인 계획을 세운 후에 공부해야 성적이 오릅니다.

자기 계발에 투자하는 사람이 성공하는 사람입니다. 자기 자신을 가꾸지 않으면서 크게 성공한다는 것은 착각에 불과합니다. 자기 계발은 어떻게 해야 할까요? 책을 읽고 쓰면 됩니다. 그 중에서 자기 발견과 자기 계발에 대한 욕구, 둘 다 채워지는 것이 책쓰기입니다. 그러므로 십대에 일기가 아닌 책을 쓰기 시작해야 합니다.

당신의 자녀가 크게 성공하기를 원하십니까?

모든 부모들은 자녀들이 성공하기를 바랍니다. 하지만 가능성을 끄집어내는 방법을 모른다면 성공할 수 없습니다. 성공한다고 하더라도 일시적일 뿐입니다.

당신이 자기 계발에 먼저 투자한다면 자신의 잘못된 고정관념과 여러 가지 작은 마인드가 큰 마인드로 바뀔 것입니다. 그 후에 자녀들에게 가르쳐야 합니다. 책에서 이런 내용을 읽은 적이 있습니다.

"대부분의 대기업 회장들, 혹은 성공한 사람들의 공통점을 보면 자기 혼자만의 시간을 갖는다. 30분~한 시간 정도를 자기만의 방에서 비서나 직원들이 들어오지 못하게 하고 전화기도 꺼 놓은 채 자기만의 시간을 갖는다."

학교 선생님이나 대학 교수 등 다른 사람의 생각을 받아들여 자기의 생각인 줄로 착각하는 사람들이 많습니다. 자기만의 생각을 할 줄 알아야 진정한 성공의 길을 걸을 수 있습니다.

10대에 크게 성공하면 되냐고요? 이제는 세상이 변했습니다.

과거 100년 동안 이루었던 업적이 하루 만에 사라지기도 하고 하루 만에 이룬 업적이 100년 넘게 유지되기도 합니다.

실제로 1714년에 개발된 타자기는 영원할 것 같았지만 하루아침에 망했고 스마트폰은 하루아침에 성공했습니다. 현재 빈티지 타자기는 10만 원 정도에 팔리며 인테리어용으로만 사용되고 있습니다. "그렇게 비싼 전화기를 누가 사겠느냐?"고 했던 비싼 스마트폰은 이제 아이들까지 다 들고 다닙니다. 시대가 바뀐 것처럼 당신의 고리타분한 생각도 완전히 바꾸어야 합니다.

생각은 빛보다 더 빠른 속도로 일합니다. 모든 것이 정신없이 바쁘게 돌아가고 있는 이 시점에 당신은 혼자만의 시간을 가지며 책을 읽고 생각하는 사람이 되어야 합니다. 그래야 세상을 이끌어 갈 수 있습니다. 당신 안에 있는 생각의 힘을 길러야 합니다.

〈브레이킹 더 웨이브, Breaking the Waves〉를 만든 덴마크 영화감독 라스 폰 트리에(Lars Von Trier, 1956~)는 말했습니다.

"나는 내가 하는 일에 대해 완전한 확신을 갖고 있다. 정말이지 내가 하는 일에 대해 한 번도 의심해 본 적이 없다. 어떤 사람은 이러한 나에 대해 걱정할 수도 있겠지만 어쩔 수 없다. 자기 확신이 없이 영화를 찍는다는 것은 불가능하다. 나는 내가 하는 일에 대해 전혀 두려워하지 않는다. 두려움이 생기면 당장 작업을 멈추어야 한다. 감독으로서 성공의 비결은 그 무엇보다 자신에 대한 확신이라 하겠다. 나는 내 모든 일에 대해 믿음으로 실천한다. 배우와 감독은 다르다. 배우는 감독의 말에 귀를 기울여야 하지만 감독은 자신의 내면에서 나오는 말에 귀를 기울여야 한다. 다른 사람의 말에 귀를 기울이는 사람은 감독의 자격이 없다. 나는 다른 감독들이 어떻게 영화를 만드는지 전혀 관심이 없다. 내가 영화를 만드는데 필요한 모든 규칙은 내가 정한다."

이제는 스스로 생각할 수 있는 힘, 스스로 선택하고 결단할 수 있는 힘을 가진 자가 크게 성공합니다. 자신의 생각과 말, 행동을 믿으십시오. 다른 사람의 기준에 휘둘리지 마십시오.

십대에 긍정적인 사고로 무장해야 한다

당신은 긍정적인 사람입니까? 부정적인 사람입니까?

요즈음 내 또래 친구들을 보면 대부분이 인생에 대해 고민하고 힘들어합니다. 자신이 왜 살아야 하는지도 모르는 친구들도 많습니다. 자신이 처한 환경과 상황에 대해 부정적인 말을 마구 쏟아 내는 친구도 있습니다. 나도 예외가 아니었습니다. 나도 한때 내가 처한 상황과 환경에 영향을 받아 부정적인 말을 많이 했었습니다.

사람들이 부정적인 말들을 쏟아 낼 때마다 나도 같은 감정과 비슷한 경험을 한 것을 떠올리곤 했습니다. 하지만 그럴 때마다 나도 같이 부정적인 사람으로 물들어 가는 것을 봤습니다. 그래서 지금은 그런 말은 가급적 안 들으려고 노력합니다.

사람들은 자신이 처한 환경과 상황을 불평합니다. 하지만 그것들은 작은 문제입니다. 나도 안 좋은 환경과 상황을 많이 겪어봤습니다. 작은 교통사고부터 미끄럼틀에서 떨어져 뇌진탕에 걸린 것, 중학교를 3년 동안 죽을 맛에 다녔다는 것 등 여러 가지가 있습니다.

하지만 지금은 어떤 불행한 상황이나 안 좋은 환경이 있다 해도 불평하지 않습니다. 그런 것들을 견딘 후에 더욱 견고히 서게 된 나 자신을 보았기 때문입니다.

당신은 부정적인 마인드를 최대한 긍정적으로 바꿔야 합니다. 부정적으로 생각하는 만큼 당신의 환경이 안 좋아질 것이며 상황은 더욱 나빠질 것입니다. 긍정적으로 생각하면 환경이 좀 안 좋아도 거뜬히 견뎌 나갈 수 있습니다. 그리고 안 좋은 그 상황은 더 나빠지지 않고 오히려 조금씩 좋아질 수도 있습니다.

사람들이 부정적으로 생각하면 어떻습니까? 나 자신이 긍정적으로 생각하고 그것을 다른 사람에게 전염시키면 되지 않겠습니까? 다른 사람이 부정적으로 생각하든 말든 나 자신이 먼저 긍정적인 마인드를 가지고 다가가면 됩니다. 긍정적인 환경은 긍정적인 상황들이 합해져서 만들어지는 것입니다. 긍정적인 상황은 긍정적인 생각과 말에서 나옵니다. 결국 모든 것은 당신 안에서 시작됩니다.

당신이 부유하다고 합시다. 당신은 무엇이든 할 수 있으며 하고 싶은 일은 바로바로 할 수 있습니다. 당신에게 돈이 많다는 것은 그만큼 많이 벌기 때문이겠죠? 돈을 많이 번다는 것은 일을 열심히, 그리고 지혜롭게 한 결과입니다.

당신은 선택해야 합니다. 당신의 선택이 당신이 현재 처한 상황을 만들어 냈습니다. 당신은 어떤 선택을 해 왔고 또 앞으로 어떤 선택을 하겠습니까? 어떤 것을 선택하느냐에 결과는 완전히 달라집니다. 좋은 상황이 될 수도 있고 나쁜 상황이 될 수 있습니다.

지금부터라도 당신에게 주어진 상황들을 불평하지 말고 긍정적으로 바라보십시오. 불평은 끝이 없습니다. 불평해서 손해 볼 바에야 감사함으로 현실을 받아들이고 더 나은 삶을 꿈꾸고 계획하는 편이 낫습니다. 선택은 당신의 몫입니다.

사람들은 너무 부정적인 생각들을 많이 합니다. 나도 부정적인 생각에 사로잡힐 때가 종종 있지만 순간 정신을 차립니다.

사람들은 자신을 비하하는 말을 아주 서슴없이 합니다. 그것은 자신의 가치를 낮추는 천박한 행동입니다. "나는 무엇 하나 제대로 하는 것이 없어", "나는 큰일을 할 수 없어", "나는 못난이야" 등등 아주 다양한 말들로 자신을 비하합니다.

나도 가끔 나 자신에게 책망하듯이 "나는 왜 이 모양 이 꼴이야" 라며 비하할 때가 있었습니다. 그런데 갑자기 하나님께서 내게 세미한 음성으로 말씀하시기를 "너는 내 아들이란다. 너는 무엇이든 할 수 있어. 장차 세계 모든 민족 위에 뛰어난 자가 되게 해주겠다고 약속했잖니?" 하고 나를 격려해 주셨습니다.

하나님께서는 나에게 내가 밟는 모든 땅을 기업으로 주시겠다고 약속하셨습니다. 그 약속은 영원불변합니다. 나는 하나님께서 그 약속을 내게 꼭 지키신다는 것을 확신하고 있습니다.

당신은 주위 사람의 소리에 귀 기울일 필요가 없습니다. 주위의 소리에 민감하다 보면 그것에 신경 쓰느라 당신이 진짜로 꼭 해야 할 일을 제대로 하지 못하게 됩니다.

학교 다닐 때, 나는 늘 부정적인 말을 늘어놓았습니다.

"나는 할 수 있는 게 아무 것도 없어."

"나는 얼굴도 못 생겼어."

"나는 너무 약해."

그런 나의 부정적인 말에 주위 사람들이 금방 전염되었습니다.

그리고 친구들은 내가 한 부정적인 말들로 나를 놀렸습니다. "네 주제에 뭘 알아"라거나 "공부도 못하는 게"라며 나를 무시하는 말을 쉽게 내뱉곤 했습니다. 나는 기분이 아주 나빴습니다.

어느 순간 정신을 차리고 보니 친구들이 했던 부정적인 말들이 내게 적용되어, 나도 모르게 그렇게 생각하고 말하고 행동하는 나 자신을 발견하게 되었습니다. 소스라치게 놀란 나는 이러다가 정말 지구 최악의 부정적인 사람이 될 것 같다는 생각이 들었습니다.

행동하는 것은 천천히 바꾸더라도 생각과 말은 지금 당장 바꾸어야겠다고 결심했습니다. 그리고 즉시 그날로부터 부정적인 생각과 말에서 긍정적인 생각과 말로 완전히 뒤집어엎었습니다.

아침에 일어나면 기지개를 펴며 생각하기를 "내 몸은 건강해!", 침대에서 내려오면서 "나는 무엇이든 할 수 있어!", 세수하고 거울을 보며 "나는 잘생겼어!", 옷을 입으면서 "나는 멋있어!" 하며 긍정적인 말과 생각을 하기 시작했습니다. 그러자 엄청난 자신감이 생겼습니다. 당신도 이렇게 말하십시오.

"나는 아주 잘 생겼어."

"나는 무엇이든지 할 수 있어."

"나는 천재야."

그러면 용기가 불뚝불뚝 솟아날 것입니다.

부정적인 생각이 수시로 드는 것은 어쩔 수 없습니다. 하지만 나는 부정적인 생각이 날 때 절대 그것을 입 밖으로 꺼내지 않습니다. 꺼내는 순간 부정적인 말들은 내 혈관을 타고 뇌 속으로 파고 들어가 온몸을 장악해 버리기 때문입니다. 그러면 나는 생각과 몸이 얼음처럼 굳어져 아무것도 할 수 없는 상태에 빠져 버립니다.

누구나 순간적으로 부정적인 생각을 할 수는 있습니다. 모든 인간이 자신도 모르게 부정적인 생각을 할 수 있기에 그것을 자제하며 외부로 흘러 나가지 않도록 통제하는 것이 필요합니다.

나는 부정적인 생각이 들 때마다 입에 재갈을 물리고 긍정적인 생각을 하기 시작합니다. 그리고 긍정적인 말을 하기 시작합니다.

부정적인 말을 할 때 그 힘이 혈관을 타고 뇌를 장악하듯이 긍정적인 말을 할 때도 그 힘이 혈관을 타고 뇌를 장악하게 됩니다. 그러면 생각하는 것과 행동하는 것이 긍정적으로 변하게 됩니다. 긍정적으로 생각하고 말하면 점점 얼굴도 밝아지고 어깨도 펴집니다.

긍정적인 말들로 자신을 무장하십시오. 그리고 주위 사람들에게 당신의 긍정적인 사고를 전염시키십시오. 부정적인 사람과 사귀지 말고 긍정적인 사람과 사귀십시오. 그러면 크게 성공합니다.

십대에 억만장자 마인드를 가져야 한다

억만장자 마인드를 가지면 억만장자의 부가 나타납니다.

억만장자는 10억 달러 정도의 자산을 가진 사람을 가리킵니다. 지금은 전 세계에 1,400명밖에 없지만 앞으로 더 많아질 것입니다. 당신도 그중 한 사람이 되어야 하지 않을까요?

먼저 믿음으로 억만장자가 되었다고 믿으십시오. 믿음은 바라는 것들의 실상이고 보지 못하는 것들의 증거입니다. 당신이 원하는 부에 대해 생각하고 믿으면 그 부가 그대로 나타납니다.

예수님은 이 땅에 아주 부요하게 태어났습니다. 그 당시 동방박사들은 엄청난 권세를 가진 사람들이었습니다. 그런 사람들이 황금덩어리와 유향과 몰약을 가져왔다는 것은 그만큼 예수님이 존귀한 분이라는 것입니다. 예수님은 하나님의 아들이십니다.

예수님은 십자가에 못 박힐 때까지 매우 부요하셨습니다. 보리떡 다섯 개와 물고기 두 마리로 5천 명을 먹이고 열두 바구니나 남겼습니다. 그분은 모든 것에 모든 것이 넉넉하셨습니다.

예수님은 십자가에 못 박히는 순간에만 벌거벗겼습니다. 그래서 당신의 가난을 다 가져갔습니다. 그 결과 예수님의 부요가 당신에게 허락된 것입니다.

당신은 어떤 것을 믿겠습니까? 현상적으로 지금 당장 돈이 좀 없다고 자신이 가난하다고 믿을 겁니까? 돈 많은 사람의 마음이 가난하면 그 사람은 가난한 것입니다. 또한 돈 없는 사람의 마음이 부요하면 그 사람은 부요한 것입니다. 부요 마인드를 가지십시오.

당신이 진정으로 하고 싶은 일이 무엇입니까?

어떤 것이든 다른 사람이 하는 말에 마음을 두지 마십시오. 칭찬이나 격려의 말은 감사하는 마음으로 받아들이고, 비난하거나 욕하고 비웃는 말은 한 귀로 듣고 한 귀로 흘리십시오.

성공은 돈이 좀 많다고, 넓은 집과 승용차가 있다고 이루어지는 것이 아닙니다. 보통 사람들은 "집을 샀다" "차를 샀다"고 하면 비난합니다. 앞에서는 축하한다는 말을 하지만 뒤에서는 욕하고 "그렇게 돈이 많으면 나에게 몇 푼 안 주나?"라며 비꼬는 말을 합니다.

사람은 참 신기합니다. 주위에 성공한 사람이 있으면 배 아파서 잠 못 자고 그 사람이 빨리 망하기 원합니다. 당신은 그런 것을 따라 하면 안 됩니다. 잘되는 사람이 더 잘되도록 축복하십시오.

성공한 사람이 주위에 있다면 그가 어떤 식으로 성공했는지 물어보고 배워야 합니다. 그래서 성공하는 지혜를 깨달았으면 마음에 새기고 당신의 삶에 적용하십시오. 다른 사람의 성공을 진심으로 축하해 주십시오. 그가 더 크게 성공하도록 도와주십시오. 그러면 당신도 더 크게 성공하게 될 것입니다.

사람들은 누구나 자신이 성공했다고 인정받기를 원합니다. 칭찬듣고 싶어 합니다. 하지만 실제로 성공한 사람은 많은 비난과 욕을 먹습니다. 세상에서 가장 욕을 많이 먹는 사람은 대통령일 것입니다. 한 나라 안에서 가장 유명하기 때문입니다. 대통령은 5년밖에 못 하지만 누구나 한 번쯤은 하고 싶어 합니다.

　당신은 주위에 성공한 사람이 있다면 칭찬과 격려를 아낌없이 해 주십시오. 그러면 그 사람이 당신을 인정하고 당신에게 마음의 문을 열어 줄 것입니다. 그 사람을 통해 성공의 비결을 배운 후 하나씩 실천하면 성공하는 것은 쉽습니다.

십대여, 네 안에 잠든 거인을 깨워라

당신은 어떤 거대한 꿈을 갖고 있습니까?

나는 꿈이 있습니다. 많은 책을 써내고 세계를 다니며 수십만 군중 앞에서 강연하는 꿈입니다.

〈네 안에 잠든 거인을 깨워라〉 〈거인의 힘 무한 능력〉이란 책을 쓴 앤서니 라빈스(Anthony Robbins, 1960~)는 베스트셀러 작가이자 세계적인 동기 부여가, 인생 코치입니다. 그는 큰 꿈을 가지고 그것을 이루기 위해 단호한 결단을 해야 한다고 말했습니다.

"당신의 인생이 허용할 수 있는 최저치와 당신이 꿈꿀 수 있는 최대치를 정하라. 그 최저치 이하로 떨어지지 말고 최대치까지 마음껏 꿈꾸며 달려가라. 때로는 무언가에 압도당하고 있다는 느낌이 들기도 할 것이며 모든 사람이 당신을 대적하기 위해 들고 일어나는 것처럼 느껴지기도 할 것이다. 그것을 멈추겠다고 결심하라. 그 기류를 바꾸겠다고 결단하면 실제로 그것은 가능하다."

그렇습니다. 나도 그러한 경험을 여러 번 했습니다. 친구들은 내가 처음 책을 낸다고 했을 때 다들 욕하고 무시했습니다.

"김추수! 네가 책을 낸다고? 말도 안 돼. 네 까짓 게 무슨 책을 내. 네 주제를 알고 말해라. 네가 책을 내면 나도 내겠다.”

그렇게 말한 사람치고 책 낸 사람을 본 적 없습니다. 하지만 나는 실제로 열일곱 살에 책을 써냈고 그 책이 전국 서점에 깔렸습니다. 김추수란 이름이 온 세상에 알려지게 된 것입니다.

지금은 나를 롤 모델로 삼는 사람들이 많습니다. 내 이름이 박힌 책, 내 이야기가 담긴 책을 써내고 나니 이제는 내가 누군가의 꿈이 된 것입니다. 아, 황홀합니다. 당신도 책을 써내십시오.

책을 낸 그 시점부터 친구들로부터 나는 완전히 다른 세계로 구별되어졌습니다. 책이 나오자 내 존재 가치가 완전히 달라진 것입니다. 더 이상 남들과 비교하며 경쟁할 필요가 없어졌습니다.

나는 죽기 전까지 총 100권의 책을 쓸 것입니다. 그리고 세계를 돌아다니며 강연을 할 것입니다. 사업도 크게 할 것입니다.

책을 안 쓰고 이런 이야기를 하면 사람들은 내 꿈을 짓밟고 우습게 생각합니다. 욕하고 무시합니다. 하지만 내 책에 꿈에 대한 이야기를 쓰거나 책을 먼저 쓰고 꿈에 대한 이야기를 하면 사람들은 인정합니다. 그만큼 책에는 신적 권위가 있습니다.

나는 책을 쓰기 전엔 가만히 있어도 욕을 많이 먹었습니다. 내가 말하고 행동하는 것이 다른 사람과 좀 달라 보였나 봅니다. 하긴 어릴 때부터 교회에서 아버지로부터 늘 “크게 생각하고 큰 꿈을 가져라. 크게 살라”는 말을 평생 들으며 살아왔으니 그럴 만도 합니다.

하지만 분명히 기억해야 합니다. 세상은 어느 분야에서나 약간 미친 자들이 이끌고 가는 법이라는 것을 말입니다. 정신이 온전해지면 죽을 때가 된 것입니다. 처칠이든, 히틀러든 둘 다 미친 사람입니다. 나는 히틀러가 아닌 처칠처럼 미친 삶을 살기로 했습니다.

내가 꿈에 대한 이야기를 하면 다들 나보고 미쳤다며 욕을 퍼부었습니다. 내가 친구들에게 욕을 많이 먹은 이유는 꿈쟁이 요셉처럼 꿈 이야기를 했기 때문입니다.

하지만 책을 낸 후 꿈에 대한 이야기를 하니 사람들은 다들 그 꿈을 인정했습니다. 내 책에 꿈에 대한 이야기를 마음껏 집어넣었습니다. 그것을 읽고 토를 단 사람이 없습니다.

내 책을 읽는 사람은 꿈과 희망을 얻습니다. 내가 겪었던 일들이 내 책을 읽는 독자와 비슷하기 때문입니다.

나는 120가지 꿈과 소원 목록이 적었습니다. 그중 대표적인 다섯 가지를 뽑자면 다음과 같습니다.

첫째, "나는 총 100권의 책을 썼다."
둘째, "나는 복음을 전하는 세계적인 강연가가 되었다."
셋째, "나는 세계적인 기업을 일으키는 사업가가 되었다."
넷째, "나는 요셉처럼 한 나라를 샀다."
다섯째, "나는 천재의 삶을 산다."

나는 이미 모두 이루어졌다고 믿습니다. 그래서 과거형으로 말한 것입니다. 당신도 120가지 꿈과 소원 목록을 적어 보십시오.

그리고 이루어졌다고 과거형으로 말한 후 믿고 하나님과 동업하면 하나씩 이루어집니다. 120가지가 다 이루어졌다면 또 다른 120가지를 적으십시오. 큰 것을 적어도 되고 작은 것을 적어도 됩니다.

꿈이 이루어졌음을 믿으십시오. 아무리 큰 것을 구해도 하나님이 시간과 공간을 초월해 다 이루어 주십니다. 조금도 의심하지 말고 완전히 믿고 구하십시오. 그러면 기적이 일어납니다.

M. 몽테를랑은 "꿈은 불만족에서 나온다. 만족한 인간은 꿈을 꾸지 않는다"고 했습니다. 당신의 불만족을 투덜거림으로 해소하려고 하지 말고 꿈을 꾸고 실천하여 당당히 얻어내십시오.

꿈이 있는 사람만이 앞으로 나아갈 수 있습니다. 꿈이 없으면 주저앉게 됩니다. 당신의 꿈은 어디에서 잃어버렸습니까? 다시 원대한 꿈을 가지고 한걸음씩 앞으로 성큼성큼 나아가십시오. 당신의 모든 꿈이 이루어질 것입니다.

책을 쓰려면 의식 수준을 높여야 한다

책을 쓰려면 어떻게 해야 하는지 수많은 사람들이 질문합니다.

"김추수 작가님처럼 책을 써내려면 어떻게 해야 하나요? 책 쓰는 기술을 먼저 배워야 하지 않나요? 국문학과에 가서 언어학 공부를 해야 하나요? 아니면 책을 수천수만 권 읽어야 하나요?"

아닙니다. 그보다 더 중요한 것이 있습니다. 책을 쓰기 위해선 먼저 당신의 의식 수준을 높여야 합니다. 수재의 수준에서 벗어나 영재와 천재의 수준으로 의식 수준을 끌어올려야 합니다.

사람에게 1에서 1,000까지 의식 수준이 있다면 10이하는 바보의 의식 수준입니다. 무당, 점치는 사람, 우상 숭배하는 사람이 그런데 그들은 모두 악령에게 속고 있습니다.

그다음 약 20~30정도가 범재, 곧 일반 사람입니다. 평범하게 시장에서 나물이나 과일을 팔며 하루 벌어 하루 먹고 사는 사람들입니다. 물론 그들 중에 숨겨진 수재나 영재, 천재도 있습니다.

다음으로 약 40~50정도가 수재, 공부 잘하고 전교 1, 2등 하는 사람들입니다. 수재도 의식 수준이 대체로 낮습니다. 수재는 남이 시키는 일만 완벽하게 처리하도록 교육받습니다. 초등학교부터 대학교까지 교과서만 달달 외우기에 암기 능력은 뛰어나지만 작게 생각하고 생활의 폭이 좁습니다. 항상 교과서를 외우기만 했고 남이 시키는 일만 했기 때문에 도전 정신이 없습니다. 회사에 취직해 기계 부속품처럼 하루 종일 죽어라 돌아가다 낡아 망가지면 가차 없이 버려집니다. 불쌍한 인생들입니다.

수재도 책 쓸 수는 있지만 허접한 책을 쓰게 됩니다.

콜럼버스(Christopher Columbus, 1451~1506)는 "모방은 누구나 할 수 있다. 하지만 남보다 먼저 개혁하는 것은 아무나 할 수 없다"고 말했습니다. 모방하는 책을 쓰지 말고 개혁하는 책을 써내십시오. 나는 그렇게 하고 있습니다. 당신도 그렇게 하십시오.

책은 다른 사람의 내용을 짜깁기하면 안 됩니다. 자기 인생 이야기에서부터 출발해야 합니다. 자신의 삶의 내용과 깨달음을 소중히 여기고 그것을 하나씩 끄집어내야 합니다. 수재는 머릿속에 집어넣는 데만 전문가이지 자신의 생각을 바깥으로 끄집어내는 것을 무척 두려워합니다. '틀리면 어떻게 하나' 하는 두려움 때문입니다.

다음은 영재입니다. 영재는 60~100정도까지 의식 수준이 올라갑니다. 공자나 맹자, 석가모니나 마호메트 등 온갖 고행하고 도를 닦으며 영적인 공간에 들어가려고 애쓰다 죽은 사람입니다. 물론 그들은 세상 사람에게 탁월하다고 존경받긴 했지만 진정한 행복이 무엇인지는 모른 채 생을 마감했습니다.

영재들은 다른 사람의 것을 조합하고 끼워 맞추고 활용합니다. 책을 써내도 짜깁기하며 유명 인사의 명언을 들먹입니다. 한 시대를 이끌어 간 천재들이 하는 것을 보고 그대로 따라 합니다. 그렇게 따라 하기만 해도 상위 1퍼센트에 들고 크게 성공할 수 있지만 당신은 수준을 더 높여야 합니다.

성경에 예수님이 한 비유가 있습니다.

왕이 열 명의 신하에게 각각 한 므나, 곧 100만 원 정도의 돈을 주고 자신이 없을 동안 장사하라고 했습니다. 일곱 명은 돈을 가지고 도망치고 흥청망청 제 멋대로 써 버렸습니다.

첫째 신하는 나가서 장사하여 열 배의 수익을 올렸습니다.

둘째 신하는 첫째 신하가 하는 것을 유심히 보고 따라 해서 다섯 배의 수익을 올렸습니다.

셋째 신하는 장사하란 말을 듣지 않았는지 땅속에 파묻어 놓고 왕이 돌아오기만을 기다렸습니다.

왕이 돌아와서 첫째 신하가 한 것을 보고 잘했다고 칭찬하며 열 고을을 맡겼습니다. 둘째 신하도 칭찬하고 다섯 고을을 맡겼습니다. 셋째 신하는 "은행에 맡겨 이자라도 받아야 할 것이 아니냐?"라며 꾸중을 했습니다. 그리고 왕은 나머지 일곱 명의 신하들을 다 잡아와 내 앞에서 죽이라고 했습니다. 왕의 명령을 듣지 않고 자기 마음대로 돈을 흥청망청 써 버렸기 때문입니다.

다섯 배의 수익을 올린 둘째 신하는 영재였습니다. 그는 천재인 첫째 신하가 하는 것을 보고 따라 했습니다. 영재들은 죽었다 깨어나도 천재의 사고방식을 따라잡지 못합니다. 흉내만 낼 뿐입니다. 그래도 어느 정도 큰 성공을 거둡니다.

마지막으로 천재들은 의식 수준이 100~1000, 10만 100만까지 넘어갈 정도로 아주 높습니다. 역사상 최고의 천재이신 예수님은 10만, 100만을 넘어갑니다. 그분은 하나님이기 때문에 사실상 의식 수준이 무한대입니다. 그리고 하나님을 믿는 하나님의 자녀는 다 10만, 100만이 넘습니다. 솔로몬보다 수억 배나 크신 예수님이 당신 속에 실제로 계시기 때문입니다.

지혜의 왕 솔로몬은 어떤 삶을 살았습니까?

첫째, 그는 천재적인 지혜를 나타내며 살았습니다.

"솔로몬의 지혜가 동양 모든 사람의 지혜와 애굽의 모든 지혜보다 뛰어난지라."(왕상 4:30)

둘째, 그는 대부호의 삶을 살았습니다.

"솔로몬 왕의 재산과 지혜가 천하 열왕보다 큰지라."(왕상 10:23)

셋째, 그는 하나님의 자녀로 당당하게 살았습니다.

솔로몬은 하나님께 지혜를 구해서 응답받았습니다. 하지만 솔로몬보다 더 크신 예수님이 당신 안에 살아 계십니다.

"심판 때에 남방 여왕이 일어나 이 세대 사람을 정죄하리니 이는 그가 솔로몬의 지혜로운 말을 들으려고 땅 끝에서 왔음이어니와 솔로몬보다 더 큰이가 여기 있느니라."(마 12:42)

그렇다면 당신도 솔로몬보다 더 멋지게 살아야 하지 않겠습니까? 당신도 솔로몬과 나처럼 행복한 대부호 천재 작가로 살아가기 바랍니다. 책을 쓰고 강연하며 작가와 사상가의 길을 걷기 바랍니다. 지도자의 위치에서 세상을 이끌어 가기 바랍니다.

책을 써내면 얻게 되는 큰 유익들

왜 만사를 제쳐 두고 책부터 먼저 써내야 할까요?

결혼과 자녀, 땅, 빌딩, 주택, 승용차, 학위, 여행, 사업 등 사람이 한 평생 살면서 많은 꿈을 가질 수 있지만 그 중에 책을 써내겠다는 꿈은 무엇보다 긴급하고 중요합니다. 왜 그럴까요?

나는 열일곱 살에 〈원하는 것을 얻으려면 지금 저질러라〉라는 첫 책을 써냈습니다. 그 책이 나오므로 많은 변화가 있었습니다. 나 자신에게 잠재되어 있던 천재성을 발견한 것도 큰 유익이었고 주위 사람들이 나를 보는 시각이 달라졌다는 것도 놀랄 만한 일입니다.

당신이 책을 써내면 어떤 유익이 있을까요?

첫째, 책을 쓰면 책 출간에 대한 꿈이 성취됩니다.

누구나 자기 이름이 박힌 책을 출간하고 싶다는 꿈이 있습니다. 당신이 책을 써내면 "내 생애에 책 한 권 꼭 내고 싶다"는 평생의 꿈이 이루어지게 되는 것입니다. 그 결과 모두들 부러워합니다.

둘째, 책을 쓰면 성공했다고 인정받습니다.

지인들이 충격을 받고 놀랍니다. 또 모든 사람들이 당신을 보고 성공했다고 인정합니다. 그렇지만 주의해야 할 점이 있습니다. 처음 책을 쓰는 사람이 주위 사람들에게 책 쓴다고 떠벌이면 "네 까짓 게 책을 써?" 하며 엄청난 비난을 받는다는 것입니다. 나도 그랬습니다. 첫 책이 나오기 전에 책 쓴다고 말했더니 욕만 먹었습니다.

모두들 욕을 퍼붓습니다. 학교 선생님도 교수도 박사도 아직 책을 써내지 못했는데 당신이 책을 쓴다고 하니 놀라는 것입니다. 그리고 아직 안 나왔으니 나오지 말라고 태클을 겁니다. 그래서 처음 책을 쓸 때는 주위에 말하지 않는 게 좋습니다. 실수로 당신이 책 쓰는 것을 이야기해서 비난과 욕이 왔다면 무시하십시오.

"먼 나라에서 크게 성공해도 관심 없던 사람이 자기 곁에서 작은 성공을 거둔 사람을 보고 시기한다"는 말이 있습니다. 지구 반대편에 있는 사람이 땅을 수십만 평 사도 괜찮지만 막상 사촌이 땅을 한 평 샀다는 말을 들으면 배 아파합니다. 땅은 누구나 살 수 있지만 책은 그렇지 않습니다. 더 큰 용기가 있어야 합니다.

사실 "나는 책을 쓸 거야" 하는 용기만 있으면 됩니다. 책쓰기보다 더 쉬운 성공의 지름길은 없고 또 책쓰기에는 실패가 없습니다.

처녀작만 그렇게 태클을 걸지 두 번째 책부터는 인정합니다. 두 번째 책을 쓸 때는 "나는 지금도 책 쓰고 있다"고 말하면 "와, 한 권이 아닌 두 권이나 쓴다고? 대단하다"며 다들 존경합니다.

이처럼 책은 아무나 못쓴다는 고정관념 때문에 성공했다고 쉽게 인정받습니다. 당신도 나처럼 용기 내어 책을 쓰십시오.

성공의 비결은 끝에서부터 시작하는 것입니다. 성공의 가장 끝인 책부터 써낸 후 사업도 하고 다른 일을 하십시오. 그러면 모든 일에 큰 성공을 거둘 것입니다. 그렇지 않고 먼저 사업을 하여 돈을 많이 번 후에 책을 쓰겠다고 마음먹으면 죽을 때까지 책 한 권 못 내고 사업도 실패할 가능성이 큽니다.

"종이에 쓰면 이루어진다"고 했습니다. 활자가 꽉꽉 박힌 책부터 먼저 써 놓고 사업을 하면 책에 쓴 꿈과 소원대로 사업이 크게 잘 됩니다. 사람들도 그 책을 보고 당신을 성공했다고 인정합니다.

책을 쓰게 되면 당장 눈에 보이는 업적이 없다 할지라도 사람들은 당신을 이미 성공했다고 인정합니다. 책을 써내면 그것 자체가 이미 큰 성공을 거둔 것이기 때문입니다.

"당신은 성공한 사람이다"라는 말을 들으면 그 성공의 기운이 술술 불어 당신의 사업도 크게 성공하게 됩니다. 신기하죠? 책은 모든 성공의 종착지이기 때문입니다. 그러므로 어떤 대가를 지불하더라도 성공의 끝인 책부터 먼저 써내야 합니다.

이미 성공했다는 믿음으로 책 출간을 통해 끝에서부터 성공의 길을 걸으면 됩니다. 그러면 실제로 다른 모든 것은 간단히 얻고 더 크게 성공하게 됩니다. 그러므로 만사를 제쳐 두고 책부터 써내십시오. 책쓰기와 책 출간은 가장 막중한 사명입니다.

성공하면 책을 쓰는 것이 아니라 책을 쓰면 성공하게 됩니다. 책을 써내는 것 자체가 가장 큰 성공입니다. 그러므로 만사를 제쳐 두고 책부터 써내십시오. 책을 쓰기 위해 시간과 비용을 투자하십시오. 책쓰기학교에 등록하고 천재적인 책쓰기 원리를 배우십시오.

셋째, 책을 쓰면 자기 계발을 할 수 있습니다.

남의 책을 천 권 읽는 것보다 당신의 책을 한 권 쓰는 것이 자기 계발에 더 큰 도움이 된다는 사실을 알아야 합니다.

책을 쓰면 과거와 현재와 미래를 글로 정리하게 되므로 당신의 인생이 더 큰 성장과 발전을 얻게 됩니다. 책을 쓰면 당신의 머릿속에서 지혜의 샘이 터져 나옵니다. 책을 쓰면 뇌 활동이 왕성해집니다. 그 결과 더 건강하고 젊어집니다.

100세 시대가 왔다고 합니다. 50대에 은퇴하면 남은 50년을 책 쓰기를 통해 평생 현역으로 살아야 합니다. 나는 200세까지 책을 쓰고 강연하며 건강하고 행복하고 부요하게 살 것입니다.

넷째, 책을 쓰면 신분이 급상승합니다.

평범한 학생, 또는 그저 그런 동네 아줌마와 아저씨에서 작가와 선생님의 신분으로 지위가 상승합니다. 나도 예전엔 공부 못하는 덜떨어진 아이 취급받았지만 지금은 귀공자로 존중받고 있습니다.

나는 처음 만난 사람들에게 "겉으로 보기엔 어수룩해 보이고 보잘 것 없는 사람 같은데 알고 보니 책을 쓰고 강연도 다니는 작가여서 놀랐다. 몰라 뵈어 죄송하다"는 말을 자주 듣습니다.

다섯째, 책을 쓰면 당신의 분신이 만들어집니다.

책은 내 생각과 삶을 담은 나의 분신이 되어 전국과 세계에서 내 대신 수많은 사람을 만나고 그들에게 큰 영향을 끼치게 됩니다.

지금도 누군가 내가 처음 쓴 책 〈원하는 것을 얻으려면 지금 저질러라〉를 읽으며 깨달음을 얻고 삶이 바뀌고 있습니다. 이 얼마나 놀라운 기적입니까? 당신도 책을 써내서 분신을 많이 만드십시오.

여섯째, 책을 쓰면 '책 마케팅'을 할 수 있습니다.

책은 가장 권위 있고 믿을 만한 마케팅 도구입니다. 당신의 깨달음을 담은 책을 고가에 만들어 팔기 시작하면 당신은 평생 먹고살 걱정을 하지 않게 됩니다. 또한 그 책을 사서 읽는 사람도 많은 깨달음을 얻기 때문에 일석이조입니다.

하나님도 '책 마케팅' 곧 '바이블 마케팅'을 하셨습니다. 전지전능하신 하나님이 수백만 가지의 방법과 도구를 뒤로 한 채, 자기를 나타내고 알리는 가장 큰 방법으로 책을 택하셨습니다. 그 결과 6천 년간 성경책이 기록, 보존, 보급되었습니다. 어떻습니까?

하나님이 가장 중대하게 여기신 일은 책을 남기는 것이었습니다.

책을 남기는 것은 기적 중에 기적이요 가장 큰 기적입니다. 천지창조의 기적, 홍해가 갈라지는 기적, 반석에서 물이 터져 나오는 기적, 죽은 자가 살아나는 기적, 소경이 눈을 뜨고 벙어리가 말을 하는 기적, 물고기 두 마리와 보리떡 다섯 개로 수천 명을 먹이는 기적, 물위를 걷는 기적, 귀신이 쫓겨 나가는 기적, 그런 기적보다 더 큰 기적이 성경책을 기록한 기적입니다.

모세는 비밀리에 〈모세 오경〉이라는 성경을 기록했습니다. 마태, 마가, 누가, 요한도 〈사복음서〉를 기록했고 바울은 감옥에서 〈바울 서신〉을 기록했습니다. 요한은 밧모섬에서 〈요한계시록〉을 기록했습니다. 이 모든 것이 비밀리에 진행되었습니다.

성경 기록을 위해 많은 사람들이 죽었습니다. 루터가 성경을 번역하기까지 주위의 많은 사람이 고통 받았습니다. 하지만 그로 인해 후세 사람인 우리가 성경을 쉽게 소유하고 읽으며 누릴 수 있게 되었습니다. 지금도 성경은 수많은 인생을 변화시키고 있습니다.

세계적인 인물 중에 성경의 영향을 안 받은 사람이 드뭅니다.

존 워너메이커(John Wanamaker, 1838~1922)가 그랬습니다.

그는 가난한 벽돌공의 아들이었습니다. 그는 어릴 적 한 상점에서 점원으로 열심히 일하며 찾아오는 손님들에게 솔직하게 물건의 장단점을 설명해 주었는데 주인은 그걸 싫어했습니다.

"야, 너처럼 물건을 팔면 돈을 많이 벌수 없어."

"이렇게 해야 손님이 우리 가게를 믿고 다시 찾을 거예요."

워너메이커의 말이 맞았습니다. 손님이 늘고 상점은 날로 잘되었습니다. 상점 주인은 세상을 떠날 때 워너메이커에게 가게를 물려주었고 그는 서른한 살 때 거대한 백화점을 세웠습니다.

워너메이커는 하나님을 믿는 사람입니다. 그에게 장관직을 주겠다는 제안이 들어왔지만 주일학교 교사 일에 방해될까 봐 거절했습니다. 대통령이 주일학교를 섬기는데 지장 없게 해주겠다고 했을 때 비로소 장관직을 맡았을 정도였습니다. 그 이유는 주일학교가 본업이고 나머지는 다 부업이라고 생각했기 때문입니다.

워너메이커가 크게 성공했을 때 한 기자가 질문했습니다.

"당신은 어떻게 그처럼 훌륭한 일을 많이 할 수 있었습니까? 누구에게 가장 많은 영향을 받았나요?"

"주일학교 때 성경을 배웠던 것이 제 인생을 바꿨습니다. 어린 시절에 하나님을 알도록 교육하는 주일학교 교육이야말로 세상에서 가장 귀한 사업입니다."

워너메이커는 너무 가난했기에 학교에 다닐 수 없었습니다. 그래서 주일학교가 유일한 그의 교육장이었습니다. 자신이 그렇게 큰 영향을 받았기에 주일학교 교육을 가장 중요하다고 말했던 것입니다. 그는 67년간 한 번도 거르지 않고 주일학교 교사로 봉사했습니다. 기자가 한 가지 더 질문했습니다.

"워너메이커 선생님! 선생님께서 지금까지 투자한 것 중에서 가장 성공적인 투자는 무엇인가요?"

워너메이커는 분명한 어조로 대답했습니다.

"내 재산은 건물과 땅만 해도 2백억 달러가 넘습니다. 그러나 내 인생에 있어 가장 가치 있고 소중한 투자는 돈을 벌기 위한 것이 아닌 지혜를 얻기 위한 것이었습니다. 내가 열한 살 때입니다. 나는 그때 2달러 75센트를 주고 빨간 가죽 성경책을 한 권 샀습니다. 그것이 가장 위대한 투자였습니다. 왜냐하면 그 빨간 가죽 성경책이 오늘의 나를 만들었기 때문입니다. 나는 성경에서 구세주 되신 예수님을 만났습니다. 사실 나는 연약하고 보잘 것 없는 인생이었습니다. 하지만 하나님이 나의 힘과 능력이 되어 주셨습니다. 나는 성경을 읽을 때마다 새로운 아이디어와 비전을 얻었습니다."

워너메이커는 성경 말씀대로 성공적인 삶을 살았습니다. 성공한 후에 하나님을 믿으려고 하지 마십시오. 먼저 하나님을 경외하면 성공은 저절로 따라오게 됩니다. 지금 결단하고 예수님을 구주로 믿고 성경책을 사서 교회에 나가 예배하도록 하십시오.

워너메이커는 사업에 대해 이런 말을 했습니다.

"아무리 훌륭한 상품일지라도 소비자가 알아주지 않으면 무슨 소용이 있는가? 그것은 진정한 의미에서 상품이 아니다."

책도 마찬가지입니다. 아무리 훌륭하게 책을 써내도 독자들이 알아볼 수 있게 편집해야 합니다. 그렇지 않으면 아무도 사지 않습니다. 책을 읽었는데 이해가 되지 않으면 누가 사보겠습니까? 또한 책을 쓸 때 맨 앞에 제일 좋은 내용, 제일 재미있는 내용을 넣어야 합니다. 표지 디자인도 아름답고 멋지고 고급스럽게 해야 합니다. 표지가 허접하면 내용까지 허접해 보이기 때문입니다.

일곱째, 책을 쓰면 이름을 남길 수 있습니다.

납골당이나 무덤이 아닌 책에 이름을 남겨 도서관과 서점, 집안 거실과 손자들의 책꽂이에 꽂히게 해야 합니다. 내가 쓴 책은 대대손손 물려줄 수 있습니다. 내 책을 통해 후세가 나 '김추수'라는 조상을 잊지 않고 기억하게 됩니다. 다른 방법은 다 일시적입니다.

여덟째, 책을 쓰면 지혜를 상속할 수 있습니다.

자녀에게 재산만 상속하지 말고 지혜를 함께 상속하십시오.

당신의 깨달음을 고스란히 책에 담아 물려주십시오. 재산과 지혜를 함께 대물림하므로 자손들이 재산을 잘 관리하고 더 크게 불리게 해야 합니다. 그렇지 않으면 아무리 억만장자의 부를 상속해도 삼사 대가 되지 않아 재산 다 날리고 노숙자와 거지같은 밑바닥의 가난한 삶을 살게 될 것입니다. 재산과 지혜, 둘 다 중요합니다.

아홉째, 책을 쓰면 신적인 권위가 생깁니다.

고딕체로 활자가 탁탁 박힌 책에는 신적 권위가 있습니다.

책을 써낸 사람은 그의 말과 행동에 신적 권위가 나타납니다.

책을 통해 저자와 독자는 일대일로 만나게 되고 독자는 책에 담겨진 내용을 그대로 믿고 받아들이게 됩니다. 책은 독자와 저자의 일대일 면담이기 때문에 어떤 말을 써 놔도 그 말에 신적인 권위가 나타나고 독자는 그 내용을 쉽게 믿습니다.

책에 어떤 내용을 담느냐는 아주 중요합니다. 세상을 조금이라도 더 밝고 깨끗하게 하는 빛과 소금의 내용을 적어야 합니다. 긍정적이고 적극적이고 건설적이고 생산적인 이야기와 하늘의 지혜 곧 낙천적인 마인드를 책에 적으십시오.

열째, 책을 쓰면 부모님께 효도하는 것입니다.

모든 사람은 부모님께 효도해야 한다는 마음의 부담을 가지고 있습니다. 그런데 책을 쓰면 단번에 부모님께 효도할 수 있습니다.

용돈을 얼마 드리는 것, 선물을 사서 드리는 것보다 책 한 권 써서 드리는 것이 부모님께는 엄청난 기쁨이며 자랑거리가 됩니다. 당신이 쓴 책을 부모님께 드리면 줄그어 가며 읽고 머리맡에 두거나 끌어안고 잡니다. 독자들도 그 책을 쓴 작가의 부모라며 부모님 집을 찾아옵니다. 부모님은 떳떳하게 자식 자랑을 할 수 있습니다.

열한째, 책을 쓰면 가문의 영광이 됩니다.

솔직히 말해 당신의 가문 족보에 누구 하나 책을 쓴 사람이 있습니까? 책을 쓴 사람만이 후손에게 그 이름이 기억됩니다.

나는 할머니 할아버지 이름만 알고 그 윗분들 이름은 아무도 모릅니다. 그분들의 이름이 족보에만 기록되어 있기 때문입니다. 그분들 중에 한 명이라도 책을 써냈다면 수백 년이 지난 지금도 내 책상에는 그분의 책이 꽂혀 있을 것입니다. 하지만 안타깝게도 한 권도 없습니다. 나의 아버지 김열방 천재 멘토님이 178권을 썼습니다. 우리 집 책장에는 아버지의 책이 가득 꽂혀 있습니다. 나도 책을 써냈기 때문에 후세에 내 이름이 기억될 것입니다. 후세 사람들은 "이 책을 쓴 작가가 우리 가문 사람이다"라는 영광을 누릴 수 있게 됩니다. 이 얼마나 영광스럽습니까?

열둘째, 마지막으로 책을 써서 전도해야 합니다.

하나님께서 6천년 동안 고수한 방법이 책으로 전도하는 것입니다. 그분은 사람을 통해 성경책을 기록하게 하셨습니다. 40명의 공동 저자로 써진 성경책은 오늘날에도 인류에 많은 영향을 끼치며 셀 수 없이 많은 영혼들을 구원하고 있습니다. 당신도 책을 써내므로 그 책을 통해 전도해야 합니다.

사람의 기본적인 욕구 중 하나가 성공하고 인정받고 싶은 욕구입니다. 나는 내 주위 모든 사람들에게 책을 쓰라고 권하며 강력한 동기부여를 하고 있습니다. 책을 쓰는 것보다 더 쉽고 빠른 성공의 길은 없습니다. 컴퓨터를 켜고 "나는"이라고 치기만 해도 무에서 유를 창조한 것이며 벌써 성공한 것입니다. 지금 당장 책을 쓰기 시작하십시오. 그러면 당신도 성공의 대열에 들어서게 됩니다.

어떻게 하면 책을 쓸 수 있을까요?

과연 어떻게 해야 책을 쓸 수 있을까요?

책을 쓰려면 먼저 의식 수준을 높여야 합니다.

의식 수준을 높이기 위해 혼자 카페에 앉아 책을 읽고 생각하는 시간을 가져야 합니다. 아니면 도서관도 좋고 공원 벤치도 좋습니다. 시간이 없다고요? 돈이 없다고요? 없으면 만들어야 합니다.

다른 것 할 돈을 아껴서 자기 계발에 투자할 비용을 만드십시오. 혼자만의 시간을 우선으로 정하고 챙기십시오. 나는 아침에 눈을 뜨면 먼저 책을 읽고 생각하며 혼자만의 시간을 가집니다. 그렇지 않으면 평생 제자리걸음하며 허송세월하다 끝나고 말 것입니다.

책을 쓰는 것은 쉽습니다. 쉽다고 생각하면 일이 쉽게 진행되고 어렵다고 생각하면 일이 어렵게 진행됩니다. 천재는 모든 일을 쉽게 처리합니다. 세상 모든 일이 쉽습니다.

한 사람이 내게 자신이 쓴 원고를 좀 봐 달라며 가져왔습니다. 그분은 전교 1등을 했었고 수석으로 대학을 졸업하고 박사 학위까지 받는 유명한 교수였습니다. 하지만 책을 쓰는 데는 엉망이었습니다. 그때 나는 그분의 초고를 읽고 이런 생각이 들었습니다.

"아. 보통 사람들은 책을 쓴다고 하면 수재 마인드로 글을 길게 늘여 쓰는구나. 최대한 말을 많이 갖다 붙이고 전문용어를 마구 써서 현란하게 표현하는구나. 이건 아니야."

그렇습니다. 책을 쓸 땐 천재 마인드로 문장을 짧고 읽기 쉽게 써야 합니다. 한눈에 들어오게끔 써야 그 책이 살아 숨 쉬는 것처럼 느껴집니다. 좀 더 구체적인 방법을 알고 싶다고요?

책 쓸 때 당신 앞에 있는 컴퓨터 모니터를 초등학교 3학년 아이라 생각하고 그 아이가 이해하기 쉽게 이야기하듯 쓰면 됩니다. 책은 독자가 읽고 삶이 변화되는데 목적이 있지 자신이 뭔가 남들보다 많이 알고 있다고 자랑하는 곳이 아닙니다.

그런데 책을 처음 쓰는 사람이나 아직 책 쓰는 원리를 깨닫지 못한 사람은 무작정 문장을 길게 늘여 씁니다. 또 내용이 난잡하고 일반 사람이 잘 못 알아듣는 전문용어를 써 가며 책을 어렵게 만듭니다. 그렇게 하면 책의 가치가 밑바닥 수준으로 떨어집니다.

지금 나는 글을 늘여 쓸 수도 있고 짧게 쓸 수도 있습니다. 내게 글 쓰는 탁월한 재능이 있기에 가능한 일입니다. 하지만 책을 쓸 때는 헤밍웨이처럼 최대한 간결하고 명쾌하게 써야 합니다.

어니스트 헤밍웨이(Ernest Hemingway, 1899~1961)는 〈노인과 바다〉 〈누구를 위하여 종을 울리나〉 〈무기여, 잘 있거라〉등의 책을 썼습니다. 그는 구어 중에서도 가장 쉬운 단어를 선택할 정도로 간결하게 책을 썼습니다. 표현도 돌리며 말하지 않고 직선적인 표현을 써서 자신의 생각을 명확하게 드러냈습니다. 그는 책을 쓸 때 짧은 문장에 종속절 없이 "그리고"로 이어갔습니다. 그는 신문 기자

시절에 몇 가지 원칙을 가지고 글을 썼습니다.

첫째, 문장을 짧게 써라. 긴 문장은 주저하지 말고 짧게 잘라라. 작은 조각으로 분해하면 총알을 타고 날아가듯 가독성이 높아진다.

둘째, 생동감 넘치는 직접적인 표현을 써라. 생동감이 넘치는 단순한 단어를 쓰고 사전을 찾지 않아도 되는 쉬운 단어를 써라. 그림을 그리고 물건을 만지듯 생생하고 명확한 표현을 써라.

내가 알고 있는 책쓰기의 천재적인 원리에는 일곱 가지가 있습니다. 그것은 이 책에서 알려 드릴 수 없습니다. 내게 직접 와서 배워야 합니다. 그 일곱 가지 원리를 배우고 책을 쓰기 시작하면 시간이 가는 줄 모르고 책을 마음껏 쓰게 됩니다. 일주일에 한 권도 쓸 수 있습니다. 그만큼 책 쓰는 것은 재미있고 쉽습니다.

나이와 직업, 학벌은 중요하지 않습니다. 책을 썼다는 것만으로도 성공했다고 인정받습니다. 저자는 정신적인 지도자이기 때문에 대기업 회장이나 대통령을 만나 자신의 지혜를 전할 수 있습니다.

책에도 바보 범재 수재 영재 천재(바범수영천)의 수준이 있다는 사실을 아십니까? 바보는 무당이나 점치는 사람, 하나님이 없다는 사람, 우상숭배 하거나 율법주의 거짓 가르침을 쓴 사람입니다.

범재는 대중이 좋아하는 소설책을 쓴 사람입니다. 수재는 수필이나 칼럼, 교과서나 참고서를 쓴 사람입니다. 교과서나 참고서 같은 경우는 교재라서 책이라고 할 수는 없습니다.

영재는 자기 계발 책을 짜깁기해서 냅니다. 여러 유명한 사람의 말을 인용하거나 다른 책에 있는 사례들을 모아 맨 뒤에 자신의 소감을 짧게 덧붙여 책으로 낸 사람입니다.

짜깁기는 말장난에 불과합니다. 자기 이야기를 써야 합니다.

영재가 쓴 책은 자기 이야기는 10퍼센트 밖에 안 되고 여기저기서 짜깁기한 내용으로 90퍼센트를 채웁니다. 그러면 독자가 그 책을 읽을 때 남의 책을 읽는 것 같은 기분이 들어 아주 기분 나빠집니다. 그렇게 얄팍한 책으로 독자를 희롱하면 안 됩니다.

"자기 이름을 내걸고 책을 내놓고 왜 다른 유명한 사람 이야기만 사례로 잔뜩 늘어놓은 거야? 아이, 짜증나."

당신은 그런 책을 내지 마십시오. 천재의 위치에서 자신의 삶과 깨달음을 마음껏 담아내십시오. 그래야 존경받습니다. 천재는 직접 경험한 이야기를 중심으로 자신의 깨달음을 정리하고 가르칩니다. 이것이 가장 피부에 와 닿습니다. 당신의 책이 어마어마한 가치가 있는 것은 당신의 이야기가 어마어마한 가치가 있기 때문입니다.

유명 인사들에 대한 이야기는 이미 다 알고 있습니다. 독자가 당신의 책을 산 것은 당신의 삶과 당신의 깨달음을 얻기 위해서입니다. 그러므로 당신의 이야기를 90퍼센트 하고 유명 인사에 대한 이야기를 10퍼센트만 곁들여 당신의 책을 돋보이게 해야 합니다.

천재는 동화책이나 시집을 쓰거나 자기 내면에서 나온 자기 계발 책을 써냅니다. 당신도 천재의 위치에서 자신의 삶과 깨달음을 담은 책을 내야 합니다. 그러면 강력한 인지도가 생깁니다.

시집은 문학의 최고 수준입니다. 너무 수준이 높아서 사람들이 접하기 힘들어 합니다. 동화책은 아이들이 읽기 좋은 책입니다. 하지만 자기 계발 서적 같은 경우는 삶의 지혜와 모략을 담아내기 때문에 가치가 무한대로 증가됩니다.

보통 수재부터 자기 계발 서적을 낼 수 있습니다. 하지만 그들은 조잡하고 허접한 책을 냅니다. 수재는 자기 생각을 학문적인 복잡한 내용과 말장난으로 길게 늘여 씁니다. 그리고 책을 쓰는 게 아닌 글쓰기와 논문을 씁니다. 영재는 짜깁기를 하여 유명 인사의 말이나 다른 책의 좋은 내용을 다 끌어넣어 책을 만듭니다. 그래서 저작권법에 걸려 고소당할 확률이 높습니다.

당신은 짜깁기를 하지 말고 당신의 삶과 깨달음을 담은 천재적인 수준의 책을 써내야 합니다. 천재적인 책쓰기의 원리는 천재 멘토인 내게 배워서 깨달으면 됩니다. 당신의 의식 수준을 천재까지 높여 그 수준에 맞는 최고의 책을 쓰십시오.

독서를 하면 어휘력과 상상력이 풍부해진다

강철 왕 카네기는 어릴 때부터 책을 많이 읽었습니다.

그는 도서관에서 책을 빌려 읽었습니다. 그러한 독서로 인해 상상력과 결단력을 키우게 되어 지독한 가난에서 벗어나고 세계 최고의 부자가 되었습니다. 그는 말했습니다.

"도서관이 없었더라면 오늘의 나도 없었을 것이다."

그는 자신처럼 돈이 없어 도서관에서 책을 빌려 볼 수밖에 없는 수많은 사람들을 위해 도서관을 많이 세웠습니다.

헤르만 헷세, 루즈벨트, 도널드 트럼프, 처칠, 워렌 버핏, 에디슨 등 수많은 위인들이 독서를 통해 생각의 크기를 키웠습니다.

독서를 많이 하면 어휘력과 상상력이 풍부해지고 그만큼 크고 다양한 생각을 할 수 있게 되어 인생을 폭넓게 살 수 있습니다.

당신은 어떤 책을 읽고 있습니까? 역사책, 문학책, 만화책 등 세상에는 수백만 권의 책이 있지만 그 중에서 인류에 가장 영향을 많이 끼친 책은 단연 성경책입니다.

당신은 성경책을 처음부터 끝까지 읽어본 적이 있습니까?

인생을 살면서 성경책만큼 좋은 지침서는 없습니다. 성경에서 말하는 하나님의 아들 예수님을 믿으십시오. 그러면 행복해집니다.

성경은 예수 그리스도 온전한 복음에 대해 말하고 있습니다.

예수 그리스도 온전한 복음에는 값이 없습니다. 왜 일까요? 복음이 싸구려라 값을 매길 필요가 없기 때문일까요? 그렇지 않습니다. 복음은 그 가치가 너무 귀해 값을 매기지 않고 공짜로 보급하는 것입니다. 복음에 가치를 두고 값을 매긴다면 천문학적인 숫자가 될 것이고 사람들은 복음을 꺼려할 것입니다.

성경은 확실한 복음의 메시지를 전하고 있습니다. 하지만 거짓 교사들과 율법주의 목회자들이 다 망치고 있습니다. 하나님과 예수님이 하신 말씀의 뜻을 제대로 이해하지 못하고 자신의 뜻대로 해석하여 잘못된 가르침을 전파하고 있습니다.

성경은 그 어느 책보다 값진 깨달음과 가르침이 있습니다.

성경은 우리의 삶 전체를 풍요롭게 하는 하나님의 지혜와 모략이 가득합니다. 성경을 읽으면 지혜의 문이 열리고 지혜로워집니다.

나는 성경책에 복음의 말씀만 있는 줄 알았습니다. 그런데 성경책을 읽다 보니 여러 가지 풍성한 깨달음이 있었습니다. 삶에 직접 관계되는 것부터 사업하는 방법, 사람을 대하는 방법 등 여러 가지 깨달음을 얻을 수 있었습니다.

성경 창세기에 아담, 노아, 아브라함, 이삭, 야곱, 요셉 등이 나옵니다. 그들은 하나님을 경외하고 하나님과 동업하는 삶을 살았습니다. 하나님은 그들에게 엄청난 복을 주셨습니다.

아담은 하나님이 먹지 말라고 한 선악과를 먹음으로 죄를 지었습니다. 하나님께선 먹을 것을 알고 계셨습니다. 그런데 먹자마자 즉

시로 죽지는 않았습니다. 하나님이 아담의 죄를 회개하게 하려했습니다. 하지만 아담은 그 죄를 여자에게 떠넘겨 책임을 회피했고 여자는 뱀에게 떠넘김으로 모두 저주받았습니다.

하나님께선 아담이 죄를 뉘우치고 회개하기 원하셨습니다. 하지만 아담은 꾀를 부려 책임을 지지 않고 그 자리를 회피하려고 했습니다. 당신은 어떤 죄를 지었든지 하나님께 회개하고 다시는 그런 일을 해선 안 됩니다. 죄는 십계명을 어기는 것입니다.

십계명은 하나님이 우리에게 "왕족처럼 살면서 이것만은 꼭 지켜야 건강하고 행복한 삶을 살 수 있다"고 주신 최소한의 규칙입니다. 만약 당신이 실수로 어겼으면 죄를 인정하고 회개하십시오. 하나님은 당신이 죄를 뉘우치고 올바른 길로 가기를 원하십니다.

노아는 당대에 의로운 자라 칭함 받았습니다. 하나님과 함께 모든 일을 했습니다. 하나님은 그 당시 땅의 모든 사람이 악하여 땅에서 쓸어버리겠다는 결심을 하셨습니다. 그리고 하나님이 노아에게 방주를 만들라고 지시하셨고 노아는 그대로 준행했습니다.

아브라함은 열국의 아버지가 됐다는 축복을 받았습니다. 하지만 아브라함은 온전히 믿지 않았습니다. 그 결과 후손인 이스라엘 사람들이 애굽에서 430년 동안 고통 받는 벌을 받게 됩니다. 그 후 모세를 통해 애굽에 재앙을 내려 백성을 이끌고 나옵니다.

이삭은 하나님께 100배의 축복을 받았습니다. 농사를 지었는데 100배의 결실을 맺은 것입니다. 이처럼 성경에는 수많은 인물이 등장하는데 그중에는 하나님으로부터 큰 축복을 받은 사람이 많습니다. 하나님은 지금도 그분의 지혜와 능력으로 우리에게 복을 주고 계십니다. 하나님의 복을 기대하십시오.

예수님은 천국에 대한 깨달음을 전파하실 때 비유를 정말 많이 드셨습니다. 비유는 의사 표현의 최고 경지입니다.

성경은 국문학적으로도 탁월한 책입니다. "성경책을 통독하면 수능 언어 영역은 점수 받기 쉽다"는 말이 나올 정도입니다.

성경책에는 생각을 많이 하게 하는 단어와 문장이 많습니다. 성경을 읽으면 어휘가 풍성해지고 상상력이 증가됩니다. 그러면 많은 큰 꿈을 가질 수 있게 됩니다. 다시 성경을 읽으십시오.

당신의 마음에 하나님의 지혜가 가득하게 될 것입니다.

자신의 가치를 깨닫고 인정하라

공부를 꼴찌 해도 과연 성공할 수 있을까요?

처칠은 늘 꼴지를 면치 못했지만 어릴 때 책을 많이 읽었습니다. 그는 아홉 살 때 아버지한테 〈보물섬〉을 선물로 받고 감격했습니다. 그 책을 읽고 또 읽으며 상상력을 키웠습니다.

당신은 지금 어떤 삶을 살아가고 있습니까? 학과 공부에 매달려 공부만을 위한 삶을 살고 있지 않습니까? 공부가 삶의 전부는 아닙니다. 학과 공부는 인생을 살아가기 위한 하나의 도구일 뿐입니다.

폭넓은 인생 공부를 해야 합니다. 차별화된 인생을 위해 경쟁하는 수재의 길을 가지 말고, 구별화된 인생을 위해 독보적인 천재의 길을 가십시오. 당신이 진정으로 하고 싶은 일을 마음껏 하며 사십시오. 거기에 행복과 만족이 있습니다.

한 줄 스펙을 위해 죽어라 공부하지 말고 다양한 경험을 해보십시오. 이것저것 시도하고 실패도 해보고 좌절도 겪어보며 내면을 좀 더 강하게 다지십시오.

나는 한 줄 스펙이 아닌 수만 줄 스토리를 만들어 가는 흥미로운 인생을 살고 있습니다. 당신도 스펙 인생을 초월하여 스토리 인생을 선택하십시오.

스토리 인생이라고 하면 처음 듣거나 생소하게 들리겠습니다. 스토리 인생은 수재의 한 줄 스펙에 연연하지 않고 수천수만 줄 나 자신의 인생 이야기를 담은 책을 써내는 것을 말합니다. 나 또한 '○○ 대학 졸업'이라는 한 줄 스펙보다 수천수만 줄의 스토리를 택하여 지금 이렇게 책을 쓰고 있습니다.

자신을 최상위의 삶으로 바꾸십시오. 스토리의 삶으로 전환하십시오. 그 방법은 책을 써내는데 있습니다. 책을 써내면 사람들은 당신을 안다고 자랑하거나, 당신과 함께 있는 것으로도 자신감이 생깁니다. 모든 것은 당신의 선택에 달려 있습니다.

당신은 스펙에 목숨 걸지 말고 진정으로 마음이 시키는 일을 하십시오. 물론 정말 공부가 하고 싶고 스펙을 가지기 원한다면 공부를 열심히 하는 것이 좋습니다. 하지만 그것에 매여 다른 것을 할 수 없게 된다면 과감히 버려야 합니다. 공부보다 더 하고 싶은, 정말 하고 싶은 일을 찾아보십시오.

나는 학교를 다닐 때 공부에 흥미가 없었습니다. 나름대로 공부를 잘하려고 최선을 다했지만 원하는 성적이 나오지 않았습니다. 게다가 외모도 빼어나지 않았고 운동 실력도 탁월하지 않은 평범한 학생이었습니다. 친구들은 안 좋은 것을 말할 때 그런 나를 놓고 비유했습니다. 나는 그 친구들이 괘씸했고 열 받았습니다.

사람은 열 받아야 성공합니다. 나는 결심했습니다.

"나는 반드시 너희들보다 더 크게 성공할 거야. 두고 봐."

지금은 그런 나약한 옛날의 모습을 버리고 최상의 멋진 삶으로 탈바꿈했습니다. 내 책이 출간된 순간 내 인생이 달라졌습니다.

학교는 성적으로 각 사람을 차별하고 있지만 나는 완전히 구별된 행복한 삶을 살고 있습니다. 차별은 비교해서 누가 우수한지 판결하고 그에 합당한 대우를 하는 것입니다.

차별은 서로 비교하고 경쟁하며 싸우고 헐뜯고 죽여야 살아남는 세계입니다. 그래서 얻은 결과가 '차별대우'입니다. "차별대우"(差別待遇)란 정당한 이유 없이 남보다 나쁜 대우를 하거나 또는 그 차별을 두고 하는 대우를 말합니다. 결코 학교 성적이 차별 대우를 받아야 할 조건이 될 수는 없습니다. 각 사람마다 특정 분야에 천재성이 있기 때문입니다.

당신은 차별의 사회에서 다른 사람과 경쟁하며 살기 원합니까? 아니면 구별된 사회에서 다른 사람과 달리 독보적인 길을 걸어가며 여유 있는 삶을 살기 원합니까? 선택은 당신의 몫입니다. 당신은 차별되지 말고 구별되십시오. 구별은 차별의 사회에서 빠져나와 천재의 위치에서 노는 것입니다.

학교 성적보다는 당신의 진정한 꿈을 선택하십시오. 꿈꾸는 힘이 없는 사람은 살아갈 힘도 없습니다. 학원에 수십 수백만 원을 갖다 바치고 밤늦게까지 죽어라 공부에 매달리며 그 길밖에는 성공의 길이 없다고 믿는 학생들이 많습니다. 그렇지 않습니다.

정말 당신이 공부에 재능이 있고 재미를 느낀다면 그 길로 가십시오. 그래서 일류 대학을 졸업하고 대기업에 취직하십시오. 공무원과 군인의 길을 가십시오. 선생님들은 말합니다.

"모두들 열심히 공부해서 전교 10등 안에 들어라. 그러면 먹고 살 걱정 없는 안정된 직장을 얻을 수 있다.”

이 말을 바꾸어 말하면 전교 10등 이외의 학생들은 모두 먹고 살 걱정을 해야 하는 불안정한 직장을 얻게 된다는 말과 같습니다. 너무 비참하지 않습니까? 1,000명 중에 10명만 살아남는 그 길은 마치 전쟁터를 방불케 합니다. 전교 2등 하는 아이는 시험 치는 날 전교 1등 하는 아이가 갑자기 몸이 아파 학교에 못 나왔으면 좋겠다는 생각까지 할 것입니다.

막상 사회에 나가보면 학교 성적, 곧 학과력보다는 창의력과 결단력, 추진력, 협상력, 설득력, 통치력, 몰입력, 조직력, 매매력, 거래력, 강연력, 저술력 등이 더 큰 성공과 수입을 올려 준다는 것을 알게 됩니다. 학교의 열등생이 얼마든지 사회의 우등생이 될 수 있다는 말입니다. 이해되십니까?

학교 공부를 싫어했지만 음악이나 미술 실력이 탁월하여 크게 성공한 사람도 있고, 독학으로 해박한 지식을 쌓은 사람도 있습니다.

학교를 다니면서 몸도 마음도 지칠 대로 지친 학생들이 얼마나 많습니까? 학교 선생님에게, 또 부모님에게 버림 받았다는 느낌을 지울 수 없는 학생들이 학교를 졸업한 후에야 큰 야망과 자신감을 품고 자기를 깔봤던 우등생들보다 더 크게 성공하는 경우가 많습니다. 당신이 지금 학교를 다니고 있다면 성적에 너무 연연해하지 말고 즐거운 마음으로 다니십시오.

모든 사람이 당신을 두고 다른 사람과 비교하더라도 당신 자신은 결코 다른 사람과 자신을 비교하지 마십시오. ‘행복’의 반대말은 ‘불행’이 아닌 ‘비교’이며, 비교는 곧 ‘죽음’을 의미합니다.

학교 시스템은 모든 것을 비교하게 하지만 당신이 그것을 넘어 더 크게 생각하면 됩니다. 학교는 스쿨(school)인데 이 말은 라틴어의 '스콜라'에서 유래된 것입니다. 원래는 그리스어의 '스콜레'입니다. 이 말은 '자유와 여가'를 의미합니다.

결국 스콜레는 "일에서 해방되어 자유롭게 된다"는 뜻입니다. 그렇습니다. 원래 공부는 내가 이렇게 책을 읽고 책을 쓰는 것처럼 자유의지에 의해 행복한 마음으로 해야 하는 것입니다. 학교는 잠시나마 육체노동에서 해방되어 정신적인 수양을 쌓기 위해 서로 토론하면서 지식을 나누었던 곳입니다. 거기에는 성적표가 없었습니다.

교육(education)이란 단어도 '집어넣다'가 아닌 '끄집어내다'라는 의미입니다. 사전에는 '인간의 가치를 높이고자 하는 행위 또는 그 과정'이라고 해석하고 있습니다. 그런데 지금의 교육은 어떻습니까? 서로 비교하고 경쟁하며 인간의 가치를 오직 100이라는 제한된 점수로 판단하고 있습니다. 이 말을 하는 것은 학교와 교육이 필요 없다는 주장을 하기 위함이 아닙니다.

학교와 교육이 제 위치에서 제 역할을 해야 한다는 말입니다.

학교는 공부를 잘하는 몇몇 학생들에게만 초점을 맞추지 말고 모든 학생들에게 꿈과 희망, 무한한 용기와 가치를 불어넣어 주어야 합니다. 사람은 각자 자신이 흥미를 느끼는 것이 다릅니다.

공부를 못한다고 해서 나쁜 아이인 것은 아닙니다.

아인시타인은 학교에서 선생님에게 놀림을 받았습니다.

"너 같은 아이는 하루 속히 이 학교를 떠났으면 좋겠다."

"왜요? 제가 뭐 나쁜 일이라도 한 적이 있나요?"

"너는 종종 수업 중에 바보처럼 멍청하게 창밖을 내다보며 공상에 빠져 있어. 그런 너의 태도가 학교 전체의 규율을 어지럽히고 있어. 너 때문에 반 전체 분위기와 평균 점수가 낮아지고 있어. 너 때문에 우리 반에 대한 평판이 떨어지고 있다는 걸 아니?"

그 말을 들은 아인시타인은 순식간에 분노가 끓어올랐습니다. 그는 나중에 이런 말로 그 상황을 설명했습니다.

"나는 그 말을 듣는 순간 자신감을 잃었다. 군대가 행진할 때는 대열을 맞추기 위한 등뼈만 필요하겠지만 나는 언제까지나 군대의 일원으로만 살지는 않을 것이다. 나의 탁월한 머리는 다름 아닌 하나님이 붙여 놓으신 것이었다."

아인시타인은 수학은 잘 했지만 나머지 과목은 관심이 없었습니다. 그가 나중에 다니게 된 아라우 학교는 분위기가 달랐습니다. '학교와 교육'의 진정한 의미를 느끼게 해준 매우 자유로운 학교였습니다. 그 학교를 무난히 졸업한 후 쮜리히의 공업대학에 무시험으로 입학했고 33세에 교수가 되었습니다. 42세에는 '광양자(光陽子)의 발견'으로 인한 노벨물리학상을 수상하게 되었습니다.

사람들의 말을 듣고 자신의 가치를 평가하지 마십시오.

당신 스스로 당신의 가치를 발견하고 인정하도록 하십시오.

당신은 바보가 아닌 천재입니다.

천재성을 발견하고 천재의 길을 가라

에디슨은 자신의 학교생활에 대해 이렇게 말했습니다.

"저는 반에서 공부를 가장 못했습니다. 그로 인해 아버지조차 나를 저능아로 여기셨습니다."

담임선생님도 그를 보며 모든 학생들이 보는 앞에서 놀렸습니다.

"너는 돌대가리야, 네 머리는 빈 깡통이다."

그 말은 매로 때리는 것보다 더 심한 충격을 안겨 주었습니다. 그는 어머니에게 달려가서 울며 말했습니다.

"엄마, 나 이제 학교에 가기 싫어."

그의 어머니는 그를 위로하며 격려의 말을 해주었습니다.

"네가 다른 아이들보다 월등히 뛰어나기 때문에 그런 것이란다. 엄마가 직접 가르쳐줄게."

아버지는 그만큼 학비가 절약된다고 여기며 잘되었다고 흐뭇하게 생각했습니다. 주일학교 교사였던 그의 어머니는 믿음과 인내로 그를 가르쳤습니다. 도서관에서 〈로마 제국 쇠망사〉 〈영국사〉 그리고 셰익스피어, 디킨스 등의 고전 명작을 빌려다 주며 에디슨이 혼자 공부하게 했습니다. 학교 밖에서 많은 독서를 한 것이 오히려 그를 세계적인 발명가로 만든 것입니다.

그 당시는 아직 의무교육이 제도화 되지 않았었습니다. 어머니는 아주 느긋하게 읽기와 쓰기, 산수를 가르쳤습니다. 하지만 에디슨은 19세가 되어서도 구두점도 제대로 못 찍을 정도로 문장력이 짧았습니다. 그래도 독학하는 동안 어머니는 참고 또 참았습니다.

에디슨은 다른 학교에 전학 가지도 않았고 대학교에는 발도 못 디뎠습니다. 하지만 그는 훗날 세계적인 발명왕이 되었습니다. 그 것도 어머니가 구해 준 〈자연 철학자들〉이라는 책을 읽고 그 책에 나와 있는 것을 하나씩 실험하다 보니 발명가의 길을 걷게 된 것이었습니다. 당신도 책을 많이 읽고 깊이 생각하십시오.

당신도 에디슨처럼 학과 공부 때문에 힘들어하고 있지 않습니까? 당신은 앞으로 어떤 직업을 가지고 어떤 인생을 살 것입니까?

세상을 사는 동안 가질 수 있는 직업과 의식의 수준에는 다섯 가지 큰 틀이 있습니다. 바보, 범재, 수재, 영재, 천재인데 줄여서 '바범수영천'입니다. 이 책을 읽고 당신의 수준을 높이십시오.

바보는 아무것도 하지 못하는 사람입니다. 쉽게 말해 백수이며 정신병이 있거나 머리에 아무것도 들어 있지 않은 사람입니다. 또 하나님을 믿지 않는 사람, 하나님이 없다는 사람, 점치고 우상숭배 하는 사람입니다.

범재는 평범한 사람을 말합니다. 범재는 조그마한 중소기업에 들어가 회사원으로 일합니다. 쥐꼬리 만한 월급으로 근근이 먹고삽니다. 하루 벌어 하루 먹고사는 사람이 많습니다.

수재는 학교에서 전교 1등한 사람들입니다. 학교의 시스템에 맞게 시키는 일만 하다가 대기업에 취직하여 하나의 나사처럼 쓰여지다 버려집니다. 학교에서 교과서만 죽도록 외웠기 때문에 좋은 대학을 가고 좋은 기업에 취직할 수 있지만 그 이상은 못합니다.

예전엔 공부만 해서 좋은 대학을 나와 좋은 회사에 취직하는 화이트칼라의 시대였습니다. 이제 화이트칼라의 시대는 끝났고 골드 칼라(gold collar)의 시대가 왔습니다. 골드 칼라란 두뇌를 사용하는 1인 기업가를 말합니다. 이제는 누구나 다 사업가가 되고 또 자산가나 그보다 더 높은 위치인 천재의 영역에서 일할 수 있습니다.

수재는 군인이 되거나 대기업에 취직하여 회사원이 됩니다. 시키는 일만 합니다. 남이 시키지 않으면 움직이지 않습니다. 직장에서 상사가 시키는 일은 완벽하게 하지만 나머지는 하지 않습니다. 군인 또한 시키는 일만 해야 하기 때문에 남이 시키지 않는다면 무엇을 할지 몰라 합니다. 그렇기에 회사에서 퇴직하면 아무것도 못하고 무리하게 자영업을 하다가 망하는 경우가 종종 있습니다.

영재는 생각의 크기가 좀 더 넓어 무언가를 활용하고 끼워 맞추는 능력이 있습니다. 영재가 쓴 책을 보면 대부분 짜깁기한 책입니다. 자신의 삶에서 깨달은 내용은 맨 뒤에 아주 조금만 적고 나머지는 유명 인사의 삶이나 명언을 묶어서 냅니다.

영재는 자영업이나 사업을 합니다. 하지만 대기업으로 키울 수 없습니다. 생각의 크기가 아주 크지는 않기 때문입니다. 대부분 대기업의 사장이나 회장을 보면 지혜가 많은 사람들입니다.

천재의 영역은 감히 어떤 표현을 할 수 없을 만큼 엄청난 것입니다. 성경에 아주 진귀한 지혜들이 많습니다. 그 중 솔로몬이 쓴 잠언은 인생을 사는데 꼭 필요한 모략을 담고 있습니다.

수재와 영재는 천재를 이해할 수 없습니다. 차원이 다르기 때문입니다. 천재 또한 수재와 영재를 이해하지 못합니다. 하지만 그들의 수준은 완전히 차원적으로 구별되어 있습니다. 수재가 월수입이 300만 원이라 하면 영재는 3천만 원 정도 됩니다. 하지만 천재는 하루 수입이 억대가 될 수 있습니다. 놀랍지 않습니까?

당신은 어떤 사람이 되고 싶습니까? 당연히 천재가 되겠다고 할 것입니다. 하지만 그 방법을 알지 못합니다. 어떻게 하면 천재가 되어 최고의 삶을 살 수 있을까요?

그 비결은 예수님께 있습니다. 예수님의 보혈의 피를 믿으십시오. 예수님이 십자가에 매달려 죽으실 때 "다 이루었다"(요 19:30)고 외치셨습니다. 하나님은 당신의 죄를 속량하기 위해 예수님을 대속 제물, 곧 죄를 대신 가져갈 제물로 삼으셨습니다.

예수님이 피와 땀과 물을 흘리며 죽을 때 사탄은 영의 전쟁에서 패배했습니다. 예수님은 죄 없는 하나님의 아들로 이 땅에 태어났습니다. 그런 예수님이 죽음으로써 당신의 죄를 다 속량했습니다.

그리고 예수그리스도 온전한 복음의 다섯 가지 원리를 남겨 두고 하늘로 올라가셨습니다. 이 다섯 가지 원리는 의, 성령 충만, 건강, 부요, 지혜입니다. '의성건부지'의 다섯 가지 원리는 하나님을 믿는 사람이라면 누구든지 받아 누릴 수 있습니다.

처음 의성건부지의 다섯 가지 원리를 쓰기 시작한 것은 나의 아버지 김열방 목사님입니다. 온전한 복음을 전하기 위해 직접 성경을 뜯어보고 해부하여 정리한 것입니다.

물론 복음의 저작권은 모두 하나님께 있습니다. 하나님이 우리에게 온전한 복음을 전파하라고 하셨습니다. 복음은 믿음으로 시작해서 믿음으로 끝납니다. 복음을 수정하거나 다른 뜻으로 해석하면 안 됩니다. 우주의 저작권법에 위배되며 하나님이 싫어하십니다.

이 땅에 사는 당신을 위해 하나님께서 계획하신 일이 있습니다. 그것은 당신이 복음을 믿고 천국같이 살다가 천국으로 돌아가는 것입니다. 천국으로 가는 것이 결과입니다. 그 결과 속에 있는 과정들은 다 하찮은 것들입니다. 어떠한 문제가 생기든지 과정으로 생각하고 웃어넘기십시오. 크게 생각하십시오.

온전한 복음의 5가지 원리에 대해 자세히 알아보겠습니다.

첫째, 의에 대해서입니다.

우리는 예수님이 십자가에 못 박혀 돌아가심으로 모두 의인이 되었습니다. 사람들은 자꾸 자신을 정죄하고 책망합니다.

"나는 죄인이야."

"나는 죽일 놈이야."

자신에게 수많은 질책을 합니다. 그것을 멈추십시오. 당신은 그리스도 안에서 의인입니다. 아직 예수 그리스도를 영접하지 않았다면 지금 당장 당신 안에 예수님이 거할 자리를 마련하십시오. 그리고 예수 그리스도 온전한 복음을 믿고 받아들이십시오.

예수님은 모든 일을 당신과 함께 하기 원하십니다.

둘째, 성령 충만에 대해서입니다.

많은 목회자들이 믿음으로 의로워진다는 복음은 깨달았지만 성령 충만에 대해 미끄러져 율법주의로 빠져들어 죽도록 고생하고 있습니다. 그들에게 속지 말아야 합니다. 우리는 모두 믿음으로 말미암아 이미 성령 충만합니다. 생수의 강이 흘러넘치고 있습니다.

율법주의를 보면 "하루에 몇 시간을 기도하며 시간 채우기 기도를 해야 한다"거나 "고행을 하고 도를 닦아야 성령이 한 방울씩 차고 그것이 넘치면 능력이 나타나게 된다"고 가르치고 있습니다.

자기 의를 드러내면서 하나님의 은혜를 감춥니다. 하나님께 쓰임 받으려면 고행하고 도를 닦음으로 영력이 채워져야 한다고 생각합니다. 그렇지 않습니다. 당신 안에는 아마존 강보다, 나일 강보다 더 큰 샘이 자리 잡고 있습니다. 곧 성령의 샘입니다. 당신은 어떤 것을 믿겠습니까? 율법주의 거짓 가르침입니까? 아니면 복음주의 성령 충만의 샘입니까?

성령님은 우리에게 한 컵, 한 양동이가 아닌 믿음 파이프를 통해 계속 공급되고 있습니다. 당신 속에 성령님이 가득히 계십니다.

나를 따라 말해 보십시오.

"나는 성령 충만하다."

"내 안에 성령이 가득히 임하고 있다."

"아마존 강 같은 성령이 내 안에 있다."

입으로 말할 때 더 큰 힘이 있습니다.

성령님은 당신과 동행하기 원하십니다. 하나님은 삼위일체입니다. 성부, 성자, 성령님이십니다. 성자는 예수님을 가리킵니다. 성부는 하나님을 가리킵니다. 성령은 하나님의 영을 가리킵니다. 성령님은 당신과 함께 모든 일을 하고자 합니다.

하나님은 당신을 로봇으로 만들지 않았습니다. 당신에게 선택할 능력을 주셨습니다. 나는 성령님을 의지합니다. 모든 일을 성령님과 함께 합니다. 당신도 이렇게 말씀드리면 됩니다.

“성령님, 이것을 할까요?”

“성령님, 도와주세요.”

“성령님께 이 문제를 맡깁니다. 해결해 주세요.”

“성령님, 저에게 문제를 해결할 능력을 주세요. 성령님께서 임재하셔서 문제를 잘 해결할 수 있게 도와주세요.”

모든 일을 성령님과만 의논하십시오. 그러면 순조롭게 일이 진행됩니다. 어떤 일을 진행할 때 다른 사람에게 함부로 발설하지 마십시오. 만약 고급 정보를 발설하면 그 일은 당신의 손에서 떠나게 됩니다. 당신은 오직 성령님만을 의지해야 합니다.

셋째, 건강에 대해서입니다.

우리는 모두 건강합니다. 병을 믿지 말고 건강하다고 말해야 합니다. 요즘 사람들이 하나님께 병을 낫게 해 달라고 구하는 것이 아니라 의사의 말을 더 듣습니다. 의학이 종교가 될 정도로 세력이 아주 커졌습니다.

의사는 병을 낫게 하지 못합니다. 병의 근원을 송두리째 뽑지 못합니다. 적출 수술이라 하여 도려내기만 할 뿐입니다. 암을 도려내고 약을 사용하여 환자의 몸을 더 악화시킵니다. 조금 호전될 뿐 낫지 않습니다.

당신은 의사의 말을 맹신하지 말고 예수 이름으로 병을 향해 꾸짖고 명령하십시오. 병이 생겨서 의사를 찾아가도 의사의 말에 귀 기울이지 마십시오. 참고만 하십시오. 나를 따라 해 봅시다.

“예수 이름으로 명령한다. 내 몸에서 모든 병은 즉시 떠나가라. 내 몸은 깨끗해졌다.”

나을 줄로 믿는 게 아닙니다. 이미 나았다고 믿고 말로 “다 나았다”고 선포할 때 병은 완전히 떠나갑니다.

나는 예전에 엉덩이 쪽에 종기가 난 적이 있었습니다. 너무 아파 앉을 수 없었고 서 있자니 상황이 마땅치 않았습니다. 집에 돌아와서 샤워하며 작은 목소리로 명령했습니다.

“예수 이름으로 명령한다. 엉덩이의 종기는 떠나가라. 나는 말끔히 나았다.”

하지만 바로 낫지 않았습니다. 그 자리에서 나을 수 있습니다. 하지만 때로 기다려야 합니다. 나는 명령한 후 잠자리에 들었고 다음날 아침 통증과 함께 종기가 사라졌습니다.

나는 다른 병이 생길 때도 예수 이름으로 명령합니다. 당신도 예수 이름으로 명령하십시오. 병을 믿지 말고 건강하다고 믿으십시오. 나를 따라 세 번 외쳐 보십시오.

“나는 건강하다.”

“나는 건강하다.”

“나는 건강하다.”

넷째, 부요에 대해서입니다.

당신은 부요 믿음을 가져야 합니다. 당신이 현재 돈이 없다고 가난한 것이 아닙니다. 마음이 가난해지면 가난이 찾아옵니다. 하지만 마음부터 부요 믿음으로 살면 지금 수중에 돈이 없다 할지라도 결국은 그 부요 믿음대로 큰돈이 들어옵니다.

성경에 나오는 믿음의 조상들은 다 부요했습니다. 조금 부자이거나 졸부가 아닌 대부호였습니다. 하나님께 돈을 구한 사람은 야곱 한 명 뿐입니다. 하지만 그는 '재물'을 받기보다 '재물 얻을 능'을 받았습니다. 재물 얻는 능이 있으면 계속 큰 재물이 들어옵니다.

야곱은 그의 삼촌 라반의 집에서 20년을 일했습니다. 14년은 레아와 라헬을 위해 일했고 6년은 자신을 위해 일했습니다. 야곱은 14년 동안 재산 관리하는 방법을 몰랐습니다. 그래서 야곱의 재물이 라반에게로 다 흘러 들어갔습니다. 야곱이 14년을 일한 후 재산이 하나도 없는 것을 하나님께 말했더니 하나님은 야곱에게 재산을 관리하는 지혜를 주셨습니다. 그것은 '곳간 원리'였습니다.

야곱은 라반에게 흰 양 대신 아롱진 양, 검은 양, 점 있는 양을 달라고 했습니다. 그것들은 열성(劣性)으로 힘없는 양이었습니다. 하지만 하나님이 그것들을 힘 있고 건강하게 태어나게 했습니다. 한 마리씩 자신의 곳간에 넣기 시작하면서 야곱의 재산이 점점 늘어나게 되었습니다. 급속도로 불어났습니다.

당신은 하나님께 돈을 구하지 마십시오. 차라리 돈 버는 지혜를 구하는 것이 더 낫습니다. 물고기를 받기보다 물고기 잡는 방법을 배우십시오. 잠언에는 돈보다 지혜가 더 값지다고 했습니다. 지혜를 구하는 것이야말로 인생을 살기 위한 가장 바람직한 일입니다.

지혜는 예수님을 상징합니다. 잠언을 읽어보면 지혜가 인격체로 묘사되는데 예수님을 상징하고 있는 것입니다.

당신은 하나님께 재물 얻을 능을 달라고 구하십시오.

"누가 내게 돈 좀 안 주나?"

"하나님, 저에게 일확천금의 돈을 주세요."

그렇게 구하지 말고 재물 얻는 능을 활용해 당신이 돈을 많이 벌어 다른 사람에게 주는 위치에 있어야 합니다. 그래야 사람에게 얽매이지 않고 자유로운 인생을 살게 됩니다.

스페인을 대표하는 소설가이자 극작가인 세르반테스(Miguel de Cervantes Saavedra, 1547~1616)는 "당신의 힘으로 얻을 수 있는 것을 남에게 부탁하지 말라"고 했습니다.

당신에게는 재물 얻을 능력이 있습니다. 하나님은 각자에게 재능을 줬는데 나는 재능이란 단어를 늘려 봤습니다. 재물 얻을 능력입니다. 당신이 자기만의 재능(재물 얻을 능력)을 찾아냈을 때 엄청난 부를 끌어 모을 수 있습니다. 당신도 대부호가 될 수 있습니다.

다섯째, 지혜에 대해서입니다.

당신은 혹시 자신을 바보라고 생각하진 않습니까? 아니면 멍청하거나 돌대가리라고 자책하진 않습니까?

당신 안에 예수님이 거하고 있습니다. 당신이 예수님을 영접할 때 당신 안에 솔로몬보다 더 큰 예수님의 지혜가 임합니다.

성경에 예수님의 사역을 보면 3년 동안 여러 가지 비유를 들며 사람들에게 엄청난 깨달음과 복음을 전파했습니다. 그분은 사람들이 질문을 던질 때마다 말의 표면만 보지 않고 질문의 본질을 꿰뚫는 답변을 하셨습니다. 또 병을 고치고 귀신을 쫓아내는 등 여러 가지 기적을 행하셨습니다. 그런 예수님이 지금 당신 안에 실제로 들어와 계십니다.

솔로몬은 하나님께 지혜를 구했습니다.

"하나님이 솔로몬에게 지혜와 총명을 심히 많이 주시고 또 넓은 마음을 주시되 바닷가의 모래 같이 하시니……."(왕상 4:29)

당신은 하나님께 솔로몬 같은 지혜보다 더 큰 지혜를 구해야 합니다. 그 지혜는 예수님의 지혜입니다. 그리고 한 번 지혜를 구했으면 받았다고 믿어야 합니다. 조금도 의심하지 마십시오.

그렇습니다. 하나님께선 당신에게 솔로몬보다 더 큰 예수님의 지혜를 주셨습니다. 하나님께 그 지혜를 활용하는 방법을 구하고 성령님과 함께 일을 처리하면 쉽게 해결됩니다.

나와 함께 이렇게 고백합시다.

"나의 힘, 나의 능력으로는 이 문제를 도저히 해결하지 못합니다. 하나님 안에서 나는 연약할 뿐입니다. 하나님이 없다면 빈껍데기 시체 같은 사람입니다. 하나님과 함께할 때 나는 엄청난 능력을 발휘할 수 있습니다. 나는 장갑이고 하나님은 손입니다. 하나님께서 나를 통해 일하십니다. 하나님이 함께 하시기 때문에 나는 세상을 당당하게 호령할 수 있습니다."

천재들은 자기 내면의 가치를 소중히 여깁니다. 또 생각을 많이 하고 여러 가지 도전을 합니다. 모험을 즐깁니다. 평범한 사람들이 하지 못하는 일을 거뜬히 해냅니다. 자신의 내면에 있는 것을 끄집어내어 여러 가지를 발명하기도 하고 책도 써냅니다.

당신은 천재입니다. 당신은 자신이 천재라는 것을 인식하십시오. 당신 속에 솔로몬보다 더 큰 지혜를 가진 우주의 천재이신 예수님이 함께하고 있습니다. 그러므로 당신은 천재입니다.

한 지도자는 말하기를 "정신을 몰두하면 뭐든 해낼 수 있다"(You

can do it if you put your mind to it.)고 했습니다.

그렇습니다. 어떤 일을 하든지 그 일에 몰입하십시오. 그러면 반드시 크게 성공할 것입니다. 당신에게는 무엇이든 할 수 있는 신적인 능력, 초자연적인 능력이 있습니다.

크게 꿈꾸고 그 꿈이 이루어졌다고 믿고 몰입하면 당신이 원하는 무엇이든 실제로 얻게 될 것입니다. 인생은 꿈대로 믿음대로 다 됩니다. 인생은 기적의 연속입니다.

천재적인 재능을 극대화하면 성공한다

사람에게는 각자에게 주어진 특정 분야의 재능이 있습니다.

어떤 사람은 당신이 못하는 것만 갖고 시비를 걸거나 비꼬며 기분 나쁘게 합니다. 당신은 그들에게 휘둘리면 안 됩니다.

당신만의 천재적인 재능을 최대한 살려야 합니다. 못하는 것은 보완해 주고 가려 주면 됩니다. 잘하는 것을 최대한 극대화시키며 그것을 집중해서 발달시켜야 합니다. 그러면 상위 0.001퍼센트의 위치에서 억대 수익을 올리게 됩니다.

70억 인구 중 당신은 온리원(only one)입니다. 세상에 단 하나밖에 없는 당신의 존재 가치와 재능을 발견하고 그것을 살려 돈을 벌어야 합니다. 그러면 돈을 버는 것이 쉬워집니다.

온리원이 희소가치가 가장 큽니다. 넘버원보다 온리원인 자신을 발견하고 누가 뭐라 하든 당당히 그 길을 가십시오. 세상에 하나뿐인 '나'의 희소가치를 인정하고 발전시켜 상품화 하십시오.

당신이 잘하는 것, 곧 천재적인 재능은 태어날 때부터 하나님이 주신 선물로 그 누구도 따라 할 수 없습니다. 하나님이 주신 천재적인 재능을 발견하고 그것을 극대화시킬 때 당신은 세계적인 인물이 될 수 있습니다.

연예인 출신에 자기계발 강사 섭외 1순위이며, 연 100회가 넘는 강연을 하는 오종철은 온리원에 대한 강연에서 이렇게 말했습니다.

"누군가와 같아지려는 꿈, 비슷해지려는 꿈을 버리고 누군가와 다른 당신 자신을 인정하라. 너무 독해지려고도 하지 말고 너무 열심히 하려고도 하지 마라. 자신의 무대를 자신이 만들고 자신이 주인공이 되면 된다. 당신의 이름을 1순위에 두면 모든 것이 달라진다. 대기업이나 공공 기관보다 당신의 이름을 앞에 내세우라."

못하는 것은 노력을 통해 조금씩 더 잘할 수 있습니다. 못하는 것은 어느 정도 개선할 수 있지만 그것에 집착하면 한계에 부딪힙니다. 그런데 사람들은 못하는 것만 놓고 더 잘하라고 다그칩니다.

못하는 것은 노력으로 개선될지 몰라도 그것도 어느 정도 가면 발전을 멈춥니다. 자기의 길이 아니기 때문입니다. 못하는 것만 두고 시험 쳐서 100점 맞도록 몰아붙인다면 그것은 독수리에게 헤엄을 치라는 것과 같고, 물고기에게 하늘을 날라는 것과 같습니다. 각자 자기 영역에서 자기의 길을 가야 합니다. 그러면 세계적으로 크게 성공하는 것은 아주 쉽습니다.

특히 학교에서는 공부에 흥미가 없다거나 못하는 학생을 나무라는데, 그것은 학생의 자아상을 완전히 무시하고 깔아뭉개는 짓입니다. 못하는 것은 어느 정도만 해주고 잘하는 것을 발견해서 그것을 최대한 살릴 수 있도록 지도해야 합니다.

요즘 문득 생각난 것이 있습니다. "내 안에는 특별하고 뛰어난 재능이 있다. 나는 그것을 꺼낼 수 있다. 하나님의 지혜로 그 천재적인 재능을 발휘해야 한다. 나의 가치를 엄청나게 높여야 한다. 그래서 사람들이 나를 보는 시각이 달라지게 해야 한다"는 것입니다.

처음에는 별거 아니라고 여기고 무시했습니다. 하지만 나는 어느 날 직접 체험했습니다. 이 생각은 하나님이 내게 주신 특별한 지혜라고 생각하고 있습니다. 그래서 지금은 하나님이 주신 지혜를 가지고 '내 안에 있는 천재성'이라는 선물 포장을 뜯어 끄집어내는 일을 신나게 하고 있습니다.

내가 어릴 때 어머니가 내게 언어의 재능이 있다고 자주 말씀하셨습니다. 형이 처음 한글을 배울 때, 내가 곁에서 보고 혼자 습득했다고 했습니다. 나 자신이 언어에 탁월한 재능이 있다는 것을 실감한 것은 초중학생 때입니다. 하지만 그땐 그것이 그렇게 중요하게 여겨지지 않았습니다.

어느 날 선생님께서 주제를 주고 그에 맞는 글을 쓰라고 하셨을 때, 나는 그 주제를 3분 정도 내 방식대로 풀이하고 정리한 후 종이에 글을 쓰기 시작했습니다. 그러자 내 손은 물 만난 물고기처럼 신나서 종이가 부족할 만큼 글을 마구 써 내려갔습니다. 손에 펜을 잡고 글을 쓰려고 하면 그 주제에 맞는 이야기가 술술 나오는 것이었습니다. 선생님이 시간이 다 되었다며 걷어 간다고 하셨을 때, 나는 쓰던 이야기를 마무리해 제출했습니다.

나는 글짓기 대회를 할 때 내용이 부족해서 못쓴 적은 없습니다. 쓸 것은 너무 많은데 쓰다 보니 시간이 부족해서 이야기를 급하게 마무리 짓는 경우가 많았습니다. 나는 그 후 글쓰기에 재능이 있다는 것을 알게 되었습니다. 또 외국어를 습득할 때 다른 사람보다 습득 능력이 훨씬 빠르다는 것을 발견했습니다.

당신도 삶에 이런 부분이 있을 것입니다. 어떤 것을 했을 때, 그것을 처음 하는 것임에도 불구하고 능숙하게 해낸다거나 남들보다 아주 특출하게 잘하는 것이 있었을 것입니다. 하지만 그것을 대수롭지 않다는 듯 넘어가기 때문에 그것이 남다른 재능인지 모르고 살아가기 일쑤입니다. 당신은 그것을 붙잡고 활용해야 합니다.

모든 사람에게 각자 자기만의 재능이 있습니다. 그것을 찾아내고 그것에만 몰두하면 됩니다. 당신 안에 있는 무한한 가능성을 끄집어내고 지혜를 총동원하십시오. 당신의 천재성을 발휘하여 세상 사람들을 깜짝 놀라게 하십시오.

자기만의 재능을 찾아내는 것은 어렵지 않습니다. 당신의 삶에서 다른 사람들이 따라 할 수 없을 정도로 잘하는 것이 바로 그것입니다. 한 가지가 아니라 여러 가지일 수도 있습니다.

사소한 것을 잘 못한다고 낙심할 것도 없고 엄청난 것을 잘한다고 거만해져선 안 됩니다. 내 경우에는 글 솜씨와 언어, 나만의 강한 집중력과 몰입력에 천재성이 있습니다. 나는 무언가에 집중하면 주위의 소리가 들리지 않는데, 그것은 내가 하고 싶은 일에 대해 몰입하기 때문입니다.

당신이 자기만의 재능을 찾아도 활용하지 않을 수 있습니다. 아무리 뛰어난 재능이 있어도 그것을 활용하지 않는다면 썩히는 것이 됩니다. 당신은 자신의 재능을 활용하여 결과물을 만들고 그것으로 큰돈을 버는 방법을 터득해야 합니다.

하나님께서는 70억 인구에게 각자 맞는 재능을 선물로 주셨습니다. 바로 당신에게 주신 천재적인 재능입니다. 하지만 사람들은 그것을 쉽게 무시해 버리고 선물 포장을 아예 뜯지도 않습니다. 이제는 하나님이 각자에게 주신 재능이란 선물을 뜯어봐야 합니다. 뜯어보고 그것을 확인한 후에 최대한 활용해야 합니다. 어떻게 활용하느냐에 따라 엄청난 가치를 창출해 낼 수 있습니다.

당신은 하나님이 주신 선물을 잘 활용하고 있습니까?

나는 "YES"라고 할 수 있습니다. 당신도 "NO!"보단 "YES!"라고 대답하는 사람이 되십시오. "안 된다" 하지 말고 "된다" 하고 일을 진행하십시오. 그러면 실제로 일이 잘 진행됩니다.

나는 하나님이 주신 재능을 통해 수억의 사람들을 변화시킬 것입니다. 이 책과 다음에 나올 책들을 통해 나는 사람의 마음에 있는 고정관념들을 모두 바꿀 것입니다. 그리고 모든 사람에게 가능성이 있다는 것을 일깨워 주고 희망을 불어넣어 줄 것입니다.

당신은 어떻습니까? 가슴 설레는 큰 꿈을 품어야 하지 않겠습니까? 밤에만 꿈 꿀 것이 아니라 하루 종일 꿈꾸어야 합니다. 꿈이 그 사람의 미래를 보여줍니다. 꿈꾸고 또 꿈꾸십시오.

이탈리아의 화가이자 조각가, 건축가, 시인이었던 미켈란젤로(Michelangelo Buonarroti, 1475~1564)는 이렇게 기도했습니다.

"주여, 언제나 제가 이룰 수 있는 것보다 더 많은 것을 갈망하게 하소서."(Lord, grant that I might always desire more than I can accomplish!)

그렇습니다. 당신도 제한 없이 큰 꿈을 가져야 합니다. 아무리 큰 꿈을 품는다고 할지라도 문제될 것이 없습니다. 작은 꿈을 가지는 것이 문제가 될 뿐입니다. 작은 꿈이 이루어지듯 큰 꿈도 모두 이루어집니다. 꿈꾸지 않고 어떻게 위대한 일이 성취되겠습니까?

하루 종일 꿈꾸며 사십시오. 당신 안에 있는 천재적인 재능으로 그 꿈을 이루십시오. 당신에게 그런 능력이 있습니다.

당신의 가능성을 최대한 끄집어내라

지금까지 당신은 무엇을 해 왔습니까?

진정 자신이 하고 싶어서 회사에 다니거나 자기만의 회사에서 일하고 있습니까? 그렇지 않다면 지금이라도 그만두고 자신이 하고 싶은 일을 해보십시오. 당신 안에 있는 무한한 가능성을 끄집어내십시오. 당신 안에는 무한한 가능성이 있습니다.

사람들은 자기 가치를 모르고 함부로 말합니다.

"저에게는 가능성이 없어요."

"가능성을 어떻게 끄집어내는지 모르겠어요."

"저도 인생을 멋지게 살 가능성이 있을까요?"

그렇습니다. 당신 안에 무한한 가능성이 있습니다. 단지 그것을 끄집어내는 방법을 모를 뿐입니다. 이 책을 통해 당신 안에 있는 재능과 가능성을 믿고 마음껏 끄집어내십시오. 그것으로 큰돈을 버십시오. 세계적인 대부호의 삶을 사십시오.

꿈을 향해 한 발짝씩 움직이십시오.

지금까지 지식을 집어넣기만 하지 않았습니까? 그렇다면 지금부터라도 그 지식과 함께 당신 안에 가득한 천재적인 지혜를 끄집어내기 시작하십시오. 그러면 사람들이 깜짝 놀랄 것입니다.

재능을 찾는 것은 여러 방법이 있겠지만 그중 한 가지 분명한 방법을 알고 있습니다. 그것은 주변 사람들이 당신에 대해 칭찬하는 말을 귀담아 듣는 것입니다. 당신이 알지 못한 것들을 주변 사람들이 발견하고 그것을 알려줄 수도 있기 때문입니다.

다른 사람이 따라 할 수 없을 정도로 아주 잘 하는 것이 있다면 주변에서 당신에게 이렇게 말할 것입니다.

"너는 이것을 잘해."

"이것은 누구도 너를 따라올 수 없어."

"너만이 가장 잘할 수 있는 일이야."

그들은 칭찬과 함께 아무나 따라 할 수 없는 당신만의 특정 분야를 발견하고 그것을 알려줍니다. 그리고 당신이 생각할 때도 그것이 자신의 천재적인 재능이라는 것이 확신이 든다면 그 재능을 극대화시키면 됩니다.

하나님은 자신을 독수리에 비유하며 그분의 자녀인 당신을 그분의 날개 위에 태워 편안히 목적지까지 데려가겠다고 하셨습니다.

독수리는 새 중의 왕입니다. 그리고 아주 지혜 있는 동물입니다.

태풍이 왔을 때 다른 새들은 나무 밑에 숨어서 벌벌 떱니다. 하지만 독수리는 태풍이 왔을 때 피하지 않고 태풍의 바람을 타고 더 높이 날아 태풍이 불지 않는 높이에서 아래를 내려다봅니다. 아주 탁월한 방법을 택하지 않습니까? 다른 새들이 두려워하며 하지 못하는 일을 독수리는 해냅니다.

나는 독수리입니다. 그리고 나는 천재입니다. 나는 다른 사람들은 할 수 없는, 나만이 할 수 있는 일을 하고 있기 때문입니다. 나는 독보적이고 창조적인 길을 걷고 있습니다. 나는 다른 사람들이 생각하는 것을 뛰어넘었습니다.

당신은 어떤 사람입니까? 참새, 뱁새 같은 작은 사람입니까? 아니면 독수리 같은 큰사람입니까?

이왕이면 크게 생각하고 멀리 바라보십시오. 그리고 독수리 같은 사람으로서 천하를 호령하십시오. 지도자의 위치에서 세상을 바라보십시오. 당신은 충분히 할 수 있습니다.

차별되지 말고 구별 길을 가라

당신은 학교에 대해 어떻게 생각합니까?

나는 아버지 김열방으로부터 홈스쿨을 통해 몇 년간 매일 교육을 받았습니다. 실제로 나는 학교 교육보다 홈스쿨을 통해 더 큰 영향을 받았다고 해도 과언이 아닐 정도입니다.

〈전쟁과 평화〉〈안나 카레리나〉〈바보 이반〉등의 책을 쓴 세계적인 문학가이자 사상가인 톨스토이(Leo Tolstoy, 1828~1910)는 1828년 러시아의 귀족 지주 집안에서 태어났습니다. 그의 집은 800명의 하인들이 일하는 넓은 밭이 있을 정도로 대부호였습니다.

하지만 그는 공부를 잘 못했습니다. 1848년, 그는 학교 성적이 좋지 않아 학교를 그만 두고 마음에 큰 고통을 안고 고향으로 내려왔습니다. 풀이 죽어 있는 그를 보고 군인이었던 형이 말했습니다.

"낙제했다고 그렇게 집구석에만 처박혀 있으면 어떻게 하니?"

"나는 머리가 나쁜가 봐."

"아니야, 학교가 네게 맞지 않아서 그럴 수도 있어. 머리도 식힐 겸 나와 함께 모스크바에 가 보자."

톨스토이는 러시아의 수도인 모스크바에서 견문을 넓힌 다음 형과 함께 풍경이 매우 아름다운 도시 카프카즈로 갔습니다. 그곳에서 그는 다시 의욕을 찾았습니다. 형이 말했습니다.

"네가 진정으로 원하는 일이 무엇인지 잘 생각해 봐. 네 가슴을 설레게 하는 일을 찾아야 해."

톨스토이는 한참을 고민한 끝에 결단했습니다.

"그래, 내가 어렸을 때의 일을 모두 글로 써 보자."

그는 책상에 앉아 원고지와 씨름하며 글을 쓰기 시작했습니다. 하지만 막상 쓰려고 하니 잘되지 않았습니다. 산더미처럼 많은 원고가 쓰레기통에 쌓였습니다. 결국 1년 만에 〈유년 시대〉란 놀라운 원고가 완성되었습니다. 그때 그의 나이 24세였습니다.

학교에서 낙제했다고 인생 끝난 것이 아닙니다. 당신이 가장 잘할 수 있는 일, 당신의 가슴을 설레게 하는 일을 찾아야 합니다.

학교는 원래 학생들에게 생활에 꼭 필요한 기본적인 지식을 전해 주기 위한 작은 공동체였습니다. 하지만 지금은 많은 학교들이 입시 시험을 위한 공부를 하는 곳으로 전락해 버렸습니다.

"공부를 안 하면 인생이 망한다"는 식으로 학생들을 무작정 몰아붙이면 안 됩니다. 학과 공부만이 전부가 아니기 때문입니다.

모든 학생들은 학과 공부가 아니어도 자기 나름대로 무언가를 열심히 관찰하고 공부하고 있습니다. 학과 공부는 자신이 할 수 있는 역량만큼만 최선을 다해 열심히 공부하면 됩니다.

학과 공부보다 더 크고 넓은 '세상'이라는 학교가 있습니다. 세상 공부를 골고루 폭넓게 해야 성공할 수 있습니다. 그러기 위해서는 혼자만의 시간을 가지며 다양한 책을 많이 읽어야 합니다. 게임하고 핸드폰 만지는 시간을 줄여 하루에 30분이라도 책 읽고 생각하는 혼자만의 시간을 가져야 합니다.

학교는 차별화의 작은 사회입니다. 모든 학생을 등급에 따라 차별대우하고 무조건 공부를 하라며 성적이 낮은 학생은 꾸짖기만 하고 잘하는 학생은 조금 칭찬을 듣습니다. 하지만 조금이라도 성적이 떨어지면 꾸중을 듣습니다. 학교는 무조건 100점짜리 시험지를 가져오기만 원합니다. 학교는 인내심을 테스트하는 곳이기도 합니다. 지금의 학생들은 어쩌면 인내심의 한계에 부딪혔을지도 모릅니다. 무조건 100점을 기준으로 등급을 매기고 차별대우하니까요.

인생에 있어서 무조건 100점을 기준으로 모든 일을 할 수 없습니다. 천점도 있고 만점도 있기 마련입니다.

당신은 차별의 사회에서 구별의 사회로 가야 합니다.

세상은 현재 차별만 하고 있습니다. 비교하고 경쟁합니다.

구별은 경쟁이 없습니다. 차별은 비교하고 경쟁하며 어떻게든 나라도 살아남아야겠다고 수만 명이 줄 서 있지만, 구별은 독보적인 위치와 천재의 위치에서 한 분야의 최고의 실력자기 때문입니다. 그들은 이미 각 분야에서 최고이기에 싸우고 경쟁할 필요가 없습니다. 온리원으로서 자기만의 길을 가면 됩니다.

당신은 구별의 사회에서 한 나라를 이끌어 가는 정신적 지도자가 되십시오. 당신은 충분히 그럴 만한 재능도 가치도 있습니다.

삶의 지혜를 황금보다 더 귀하게 여기라

당신은 지혜를 얻으려고 노력합니까?

인생을 살면서 지식을 머릿속에 집어넣기만한다고 변화하는 것이 아닙니다. 지식은 손끝도 못 미칠 만큼 작게 활용되며 이제는 스마트폰의 인터넷 검색을 통해 언제 어디서나 원하는 지식을 간편하게 얻을 수 있게 되었습니다.

인생에서는 지혜가 더 큰 힘을 발휘합니다. 지혜를 통해 군중을 이끌고 크게 사업하며 돈을 벌어야 합니다.

역사에 길이 남는 위인들을 보면 학교를 제대로 졸업하지 못한 사람들이 수두룩합니다. 그들은 학교라는 시스템을 견디기 힘들어했고, 남이 정해 놓은 지식을 머릿속에 집어넣기보다 자신에게서 터져 나오는 다양한 지혜를 활용하여 자신이 하고 싶은 일을 마음껏 했습니다.

사람들은 지혜라고 말하면 뭔가 신령하고 특별한 것처럼 여깁니다. 지혜를 끄집어내어 활용하는 방법을 모르기에 그렇게 대단해 보이는 것입니다. 지혜의 세계는 광대합니다.

사람들은 하나님께 솔로몬 같은 지혜를 달라고 기도합니다.

하지만 더 이상 솔로몬 같은 지혜는 없습니다. 하나님이 솔로몬에게 "내가 네게 주는 지혜는 전무후무한 지혜다"라고 했기 때문입니다. 솔로몬의 지혜는 솔로몬에게 준 것으로 끝난 것입니다.

너무 낙심하지 마십시오. 대신 당신에게는 솔로몬보다 수억 배나 더 크신 예수님의 지혜가 준비되어 있습니다. 당신은 그것을 받아들이고 믿음으로 솔로몬보다 더 뛰어난 삶을 살 수 있습니다.

지혜는 무작정 암기해서 머릿속에 집어넣을 수 없습니다. 깨달음을 통해 얻는 것입니다. 당신 안에 계신 예수님의 지혜를 끄집어내야 합니다. "슬기로운 사람은 깊은 물과 같은 모략을 길어낸다"고 했습니다. 당신이 그 일을 해야 합니다.

지혜를 끄집어내는 것은 결코 어려운 것이 아닙니다. 예수님이 당신 안에 살아 계신다는 것을 마음으로 믿고 입으로 시인하면 그때부터 지혜가 나타나기 시작합니다. 지혜는 성공하기에 유익합니다. 지혜가 있으면 돈을 버는 것도 쉽습니다.

사람의 뇌는 무한한 가능성이 있습니다. 과학자들이 연구한 바로 사람은 뇌의 5퍼센트도 쓰지 못하고 죽는다고 합니다. 그런데 모든 사람들은 100퍼센트를 다 쓸 수 있습니다. 방법을 모르기에 쓰지 못하는 것입니다.

과학자들은 뇌에 대해 열심히 연구하지만 별로 발전이 없습니다. 그 이유는 하나님이 인간의 모든 부위를 건드릴 수 있게 했어도 뇌만큼은 못 건드리게 하셨기 때문입니다. 뇌에 이상이 생기거나 병이 생기면 치료가 불가한 것도 하나님만 건드릴 수 있기 때문입니다. 생각하는 뇌는 인간에게만 주신 특별하고 값진 선물입니다.

당신은 당신 안에 살아 계신 성령님을 알고 있습니까?

그분은 무한한 지혜를 가지고 계신 예수님의 영이십니다.

평범한 사람에게 특별하신 예수님이 오실 때 천재가 될 수 있는 것입니다. 그것을 믿고 자신에게 "나는 천재다"라고 당당히 선포하십시오. 그러면 당신에게 있는 150억 개 이상의 뇌세포가 가동될 것입니다. 매일 아침마다 일어나면서 '나는 천재다. 오늘도 모든 문제를 내 안에 계신 예수님과 함께 해결해 나갈 것이다' 하고 생각하며 하루를 시작해 보십시오. 나는 매일 그렇게 하고 있습니다.

나는 나 자신이 천재라고 믿고 있습니다. 그 이유는 나는 중학생 때 만해도 평범한 아이라고 믿고 있었는데, 지금은 내 안에 솔로몬보다 수억 배나 크신 예수님이 실제로 살아 계시다는 것을 분명히 알고 있기 때문입니다.

나는 어릴 적 평범한 아이라고 믿고 있었습니다. 무엇하나 잘하는 것이 없었고 주변 아이들과 잘 어울리지 못했습니다. 그 당시 나는 특별히 뭔가에 관심이 있는 것도 아니었고, 그냥 하나의 학생이었습니다. 그렇게 별로 튀지 않았던 나는 하루하루를 그냥저냥 보내기 일쑤였습니다.

아버지가 어릴 때부터 내게 항상 하시던 말씀이 있습니다.

"너는 천재란다. 네 안에는 성령님이 살아 계셔. 너는 큰 인물이 될 거란다. 나는 너를 믿는다."

이 말을 매일같이 들었던 나는 자연스레 믿게 되었습니다.

에디슨이 "천재는 1퍼센트의 영감과 99퍼센트의 노력에 의해 만들어진다"고 말했습니다. 나는 "천재는 1퍼센트의 노력과 99퍼센트 예수님의 지혜를 통해 만들어진다"고 믿고 있습니다.

천재는 무에서 유를 창조하는 사람입니다. 그래서인지 학교라는 틀에 짜인 시스템을 견디기 힘들어합니다. 학교 안에서는 이미 정해진 규칙에 따라 움직여야 하는데, 천재는 자신이 규칙을 만들어 버리기 때문입니다. 나는 내 인생의 규칙을 내가 만듭니다.

천재가 가진 창조성은 각 방면에서 빛을 발합니다.

나는 사람은 누구나 천재가 될 수 있다는 것을 믿고 있습니다. 하나님이 주신 재능과 지혜를 가지고 타의 추종이 불허할 정도로 몰두해서 발전시킨다면 그 분야에서 천재가 되는 것입니다. 하지만 사람들은 겸손이라 하면서 자신의 자존감을 너무 낮춥니다. 이것은 매우 잘못된 것입니다. 최소한의 예의를 지키면서 자존감을 아주 많이 높이고 당당하게 살아야 합니다.

하나님은 당신의 재능에 맞춰 그에 필요한 영감을 주십니다. 당신에게 예수님의 99퍼센트 영감이 주어졌습니다. 그럴 때 당신은 누구도 따라올 수 없게, 타의 추종을 불허하게 천재성을 활용해야 합니다. 영감을 받았지만 1퍼센트의 노력이 없다면 그 영감은 결국 버려지고 맙니다. 당신은 천재입니다. 그렇게 믿고 행동하십시오.

예수님은 지혜로, 성령님은 삶에 동반자로 당신과 함께 계십니다. 당신은 이 사실을 외면하지 마십시오. 모든 사건 하나하나 성령님이 주관하기 때문입니다. 죄만 아니라면 당신이 저지른 실수들과 사건 사고들, 여러 가지 일들은 모두 하나님이 계획하신 일입니다.

당신은 성령님과 동행하며 모든 것을 성령님께 묻고 일을 진행하십시오. 그럴 때 하나님께 받은 선물인 천재(天才)를 사용하는 방법을 성령님을 통해 알게 됩니다. 이제 당신은 성령님과 함께 모든 일을 하십시오. 예수님의 지혜와 성령님의 임재 안에서 당신은 모든 일을 해낼 수 있습니다.

하고 싶은 것이 있으면 지금 저질러라

당신은 지금 하고 싶은 일이 있습니까?

무언가를 계획하고 저지른 적이 있습니까? 나는 과감히 저질렀고 그 결과 원하는 것을 모두 얻었습니다.

나는 지금도 하고 싶은 일이 산더미처럼 쌓여 있습니다.

예전에 〈버킷 리스트〉(The Bucket List, 죽기 전에 꼭 하고 싶은 것들, 2007)라는 영화를 본 적이 있습니다. 이 영화는 암으로 죽어 가는 두 사람이 함께 하고 싶은 일을 하나하나 이루어 나가는 감동적인 영화입니다.

부자인 사람과 머리는 비상하지만 가난한 사람이 암으로 투병 중일 때, 우연히 같은 병원 같은 병실에서 만나게 되었습니다. 처음에는 모르는 사람이었는데 지낼수록 친해졌습니다. 그러다 한 사람이 대학 때의 숙제를 떠올리며 버킷 리스트를 적었습니다. 그러자 부자인 사람이 그것을 죽기 전에 같이 해보자며 둘이서 하나하나 소원을 이루어 나가는 영화입니다.

당신도 한 번 정도는 죽기 전에 해보고 싶은 일을 모두 적어 보십시오. 나이가 많이 들면 하지 못하는 일도 있습니다. 지금 나이가 많이 들지 않았을 때 하고 싶은 일을 적고 하나씩 실천해 보십시오. 나이가 많이 들었다고 포기하지 마십시오. 안 하고 후회할 바에 저지르고 후회하는 게 낫습니다. 기회가 올 때 잡아야 합니다.

먼저, 당신이 하고 싶은 일을 적어 보십시오. 그다음 당신이 가고 싶은 곳, 가지고 싶은 것, 먹고 싶은 것, 되고 싶은 모습 등을 적어 보십시오. 하나하나 적어 가다 보면 자신이 뭘 원했는지, 뭘 하고 싶어 했는지 깨닫습니다. 하고 싶은 일을 적었다면 이제는 실천하면 됩니다. 하나하나 이뤄 나가면서 또 머리에 떠오르는 것을 적고 실천하십시오.

모든 일은 계획만으로 성취되지 않습니다. 계획했으면 일을 추진하고 저질러야 합니다. 당신은 고민만 하면서 제자리를 맴돌다 죽을 겁니까? 저지르십시오. 당신에게 꿈과 소원 목록이 떠오르면 그것을 자신의 핸드폰이나 메모지에 적어 놓고 할 수 있는 것부터 하나씩 추진해 나가십시오.

갑자기 원하는 것이 떠올랐다가 별 것 아니라고 생각하고 잊어버릴 수도 있습니다. 그것을 잘 잡아내서 적어 놓아야 합니다. 그리고 그것이 이루어졌다고 믿고 저지르십시오. 저지름에 대해서는 내가 처음으로 출간한 〈원하는 것을 얻으려면 지금 저질러라〉를 보면 좀 더 자세하게 알 수 있습니다.

막연히 꿈만 꾸지 말고 꿈을 이루기 위해 결단하고 저지르십시오. 어느 순간 넘어지거나 멈춰 서게 되면 성령님께 도움을 구하며 그 문제를 해결하십시오. 인생에 어려운 문제란 없습니다.

당신이 이루고 싶은 모든 소원, 꿈을 하나님은 다 알고 계십니다. 그 일을 온전히 하나님께 맡기십시오. 꿈을 위해 저지르는 일을 마다해서는 안 됩니다. 저지른 후 문제를 하나님과 함께 해결하십시오. 그러면 순간마다 하나님이 당신의 필요한 모든 것을 채워 주실 것입니다. 당신이 하는 모든 일에 좋은 결과가 있기 바랍니다.

아무리 큰 꿈을 가져도 다 이루어진다

당신은 어떤 꿈을 가지고 있습니까?

당신은 큰 꿈을 가지고 그 꿈을 계속 키워 나가야 합니다.

나는 꿈이 있습니다. 현재 열여덟 살의 나이에 작가의 길을 걸어가고 있고, 후에 전국을 돌며 자기 계발과 동기 부여에 대한 강연을 할 것이고, 더 나아가 세계적인 작가와 강연가로 억대 수입을 올리며 왕성하게 활동할 것입니다.

수많은 사람이 내 꿈에 대해 비웃고 미쳤다며 욕할지 모릅니다. 하지만 그것은 잠깐 지나가는 것일 뿐입니다. 내 꿈을 향해 꿋꿋이 나아가다 보면 사람들은 모두 나를 인정하게 될 것입니다.

당신도 어마어마하게 큰 꿈을 가지십시오.

꿈을 가졌다면 그 꿈이 이루어졌다고 믿어야 합니다. 시간과 공간을 초월해 이미 그렇게 되었다고 믿고 생각하고 말하고 행동할 때 실제로 그렇게 됩니다. 이미 성공한 자아상을 그리십시오.

나는 세계적인 작가가 되는 것이 꿈입니다. 지금 행복한 마음으로 그 길을 걸어가고 있지만, 예전에는 사업가가 꿈이었습니다. 그저 막연하게 커서 성인이 되면 사업을 하겠다는 꿈을 품고 있었습니다. 매우 큰 기업을 세우는 것이 내 꿈인데 지금도 그런 세계적인 사업가의 꿈은 버리지 않았습니다. 꿈대로 될 것입니다.

당신은 어떤 꿈을 가지고 있습니까? 만약 가슴을 설레게 하는 꿈이 없다면 지금이라도 깊이 고민해 보십시오. 그리고 정말 이루고 싶은 가슴 뛰는 꿈과 목표를 향해 달려 나가기 바랍니다.

요즘 내 또래 아이들을 보면 대부분 꿈이 없습니다. 초등학생 땐 그래도 여러 가지 꿈을 이야기하는 아이들이 있었습니다. 하지만 중학생, 고등학생이 되어서 장래 희망도 없고 그저 좋은 대학, 좋은 직장만을 목표로 달려가고 있습니다.

좋은 대학을 진학해서 졸업한 뒤 좋은 회사에 취직하면 그것이 잘되는 줄 착각하고 있습니다. 그것은 부모들이 특히 더 심합니다. 그런 것을 볼 때면 나는 대학을 가는 것보다 더 좋은 것이 있다는 것을 가르쳐주고 싶습니다.

어떤 이는 내가 하는 이런 말이 현실성이 없다며 무시하고 금방 잊어버릴 수 있습니다. 그래도 괜찮습니다. 결과가 말해 줄 것입니다. 나는 그들보다 백배나 더 크게 성공할 것이며 하루에도 억대 수입을 올리며 대부호의 삶을 살 것입니다.

나는 당신에게 분명히 말합니다. 제발 큰 꿈을 꾸십시오. 그리고 그것을 향해 마음껏 달려 나가십시오.

지금 아이들은 미래가 보장되지 않습니다. 부모들이 무조건 좋은 대학, 좋은 직장만을 바라기 때문입니다. 부모들은 자식들이 잘되기만을 바라며 공부만 하라고 합니다. 공부만 하면 나머지는 다 알아서 해준다고 하며 아이들을 숨도 못 쉬게 꽁꽁 묶어 놓습니다. 하지만 이것은 매우 잘못된 자녀 양육 방식입니다. 나중엔 아이가 선택하는 능력을 잃게 되고 수재처럼 누군가가 시키지 않으면 아무것도 못하는 로봇이 됩니다. 그러면 나라에 미래가 없습니다.

당신은 자녀가 잘되기 원할 것입니다. 하지만 자녀에게 무조건 공부만 하라고 하면 그 이외에 귀중한 경험들을 배우지 못하게 됩니다. 나는 학교에 다니면서 자녀의 입장에서 보았을 때 지금의 교육 방식이 매우 잘못되었다는 것을 실감했습니다. 전교 10등까지만 살아남고 나머지는 다 죽는 그런 교육 방식으로는 모든 아이들의 장밋빛 미래가 결코 보장되지 않습니다.

현재의 아이들 중 반 이상이 꿈이 없습니다. 장래 희망을 말해 보라고 하면 머뭇거리기만 합니다. 아직 장래 희망을 정하지 않았다고 합니다. 꿈을 가지고 있는 아이는 어쩌면 행운아인지도 모릅니다. 대부분의 학생들이 꿈이 없는 이런 참담한 시대에 꿈을 가지고 있다는 것 자체가 큰 행운입니다.

당신은 아이들에게 꿈을 불어 넣어 줘야 합니다. 당신의 자녀가 꿈이 없다면 얼마나 슬픈 일입니까? 아이들에게 다양한 세상 경험을 하게 해주십시오. 당신이 인생을 살면서 깨달은 지혜를 가르쳐 주고 꿈을 가지라고 말하기만 해도 아이들은 달라질 것입니다.

못하는 것으로 혼내지 말고 잘하는 것을 더 잘하라며 칭찬을 아낌없이 해줘야 합니다. 아이들은 칭찬받을수록 그 일을 더 재미있게, 더 잘하게 되는 것입니다. 칭찬은 아이를 춤추게 합니다.

당신의 아이가 잘못했다고 가정합시다. 감정을 가라앉히고 아이가 무엇을 잘못했는지 구체적으로 알게 해주고 그것을 바로잡아 주십시오. 잘못을 바로 잡아 주되 너무 심하게 꾸짖지는 마십시오. 다만 아이들이 죄를 짓는 것에 대해서는 매우 심하게 꾸짖어도 됩니다. 죄에 대해 바로 잡아 주지 않는다면 그것이 별거 아니라고 생각하며 계속 죄를 지을 것입니다. 죄의 결과는 파멸입니다.

아이들이 잘 커 갈수 있도록 관심과 애정을 쏟아 부으십시오.

당신은 자녀들이 죄짓는 것만 아니면 무엇이든지 하게 두십시오.

당신의 자녀는 당신보다 더 크게 성공하도록 도와주십시오. 하나님을 의지하며 지혜와 재산을 함께 물려주십시오. 그러면 당신 가문은 천년, 아니 자손 천대까지 부귀영화를 누리게 될 것입니다.

당신을 축복합니다.

원숭이가 아닌 사자 같이 큰 삶을 살라

당신은 어떤 사람입니까? 나는 사자와 같은 사람입니다.

사자는 주변 동물들이 하는 소리에 귀 기울이지 않습니다. 묵묵히 사냥을 하고 자신이 하고 싶은 일을 합니다.

다른 평범한 사람들은 쥐와 같습니다. 쥐가 아무리 모여서 떠들어 봤자 사자가 한 번 포효를 하면 쥐들은 지레 겁먹고 도망가기 바쁩니다. 쥐가 아무리 노력을 해 봤자 쥐는 쥐일 뿐입니다. 당신은 처음부터 사자와 같은 마음으로 생활해야 합니다.

당신을 비웃는 사람들은 쥐와 같은 사람들입니다. 비웃는 사람은 당신이 성공하는 게 배 아파서 비웃는 것입니다. 당신은 사자처럼 강해져야 합니다. 주변의 소리에 귀 기울이지 마십시오.

나도 나를 비웃는 사람이 참 많았습니다. 과거에는 그것을 신경 쓰느라 잠도 제대로 못자고 힘들게 생활했습니다. 연예인들이 자신의 글에 악성 댓글이 달렸을 때 마음이 파괴되어 자살하고픈 마음이 생긴다는 것이 매우 공감되었습니다.

많은 사람들이 '카카오 스토리'를 합니다. 좋은 면도 있지만 안 좋은 면도 적잖습니다. 여러 사람들의 일상을 볼 수 있지만 학생들은 대부분 자신을 비하하거나 자신의 가치를 떨어뜨리는 글들을 써 놓았습니다. 또 돌려 말하며 다른 사람을 욕하거나 비난합니다. 그리고 그 글속에 있는 댓글 또한 아주 처참한 것이었습니다. 수많은 욕들이 난무하고 비웃는 악성 댓글들이 많이 달렸습니다.

내가 쓴 글에도 여러 악성 댓글이 달렸습니다. 보통 사람들은 '댓글을 달아 주면 고맙게 여겨라'는 듯이 생각합니다. 그래서 댓글을 지우면 왜 지우냐며 더 심한 욕을 합니다. 예전에는 나도 그러한 댓글들이 달리면 지우지 않고 그대로 놔뒀습니다. 핸드폰을 들고 다니면 그 안에 댓글이 남아 있는 것이었습니다. 하지만 그것이 잘못되었다는 것을 알고 관리하기 시작했습니다.

나는 영역에 대해 알고는 있었지만 관리하는 것을 몰랐었습니다. 지금은 관리를 잘하고 있지만 예전에는 내가 올린 사진과 글에 대한 친구들의 댓글이 아주 가관이었습니다. 댓글을 욕으로 시작해서 욕으로 끝내는 친구도 있었습니다. 비웃음과 조롱은 말할 것도 없었습니다. 어떻게 그 친구들 머릿속에 그런 언어들이 형성되었는지 도무지 이해가 안 될 정도였습니다.

나는 큰 숨을 들이켠 후 그들에게 똑똑히 경고했습니다.

"내게 욕하거나 부정적인 댓글 달지 마. 그런 댓글은 임의로 다 삭제하겠다. 모두들 내 영역에서는 나를 존중하기 바란다."

그러자 놀란 그들은 태도를 바꾸었습니다. 이제는 긍정적인 댓글만 올립니다. 당신을 무시하고 깔보는 친구를 가만 두지 마십시오.

사자 마인드로 당신에게 주어진 영역을 철저히 관리하십시오. 그리고 다른 사람들이 절대 함부로 넘보지 못하게 하십시오. 다만 필요한 경우에만 당신의 영역 안으로 조금만 들어오게 하십시오. 그렇게 해야 독보적인 길을 걸어갈 수 있습니다. 성경에 한 왕이 다른 나라 신하에게 내탕고를 보여주다 나라가 망할 뻔한 일이 있었습니다. 자신의 영역을 보호하고 결코 누설해선 안 됩니다. 그러면 당신에게 하나님이 백배의 복을 주십니다.

상자에 갇힌 생쥐 같은 인생을 살지 마라

당신은 어떤 스타일의 인생을 살고 싶습니까?

싸이의 '강남스타일' 노래가 한창 뜨고 있지만 막상 함께 폴짝폴짝 뛰며 말춤을 추는 수십만 명의 사람들은 자신이 어떤 스타일로 살아야 할지 고민하지 않고 남의 스타일만 따라 하고 있습니다.

당신만의 스타일을 찾아야 합니다. 학교는 똑같은 모양의 벽돌을 찍어내듯 학생들을 찍어내고 있습니다. 100점을 기준으로 교과서를 달달 외운 학생만 인정받습니다. 나머지는 희망이 없습니다.

학교는 즐겁게 다녀야 합니다. 학교라는 틀에 매이지 말아야 합니다. 100점 맞아 다시 학교 선생님이 되려는 학생들이 많습니다. 학교에서는 선생님이 절대 권력자요 영웅처럼 보이기 때문입니다.

"나는 교과서에 나오는 것을 다 아는데 너희들은 몰라."

하지만 한 과목의 교과서만 달달 외울 뿐입니다. 선생님은 한 과목을 한 학기 동안 가르치고 그것을 수십 년간 앵무새처럼 반복할 뿐입니다. 그러므로 학교 선생님을 존경하되 선생님처럼 되려고 하지 말고 선생님보다 더 위대한 삶을 살아야 합니다. 그래야 우리 민족에 희망이 있습니다.

스위스의 교육자 페스탈로찌는(Johann Heinrich Pestalozzi, 1746~1827)는 열아홉 살이 되었을 때 명문 학교인 카롤리나 대학을 미련 없이 자퇴했는데 당시의 교육에 대해 이렇게 말했습니다.

"나의 학교생활은 따분하기 그지없었다. 교육은 인간의 본성에 내재하는 능력과 소질을 육성하는 것이 되어야 하는데 무작정 외우라고 하고 똑같이 시험 친 후 그 성적으로만 평가하니 숨이 막힌다. 학교 교육 중에 활기 있게 배울 수 있는 것이 무엇이란 말인가? 관념적이고 탁상공론의 교육이 아닌 현실적인 교육이 이루어져야 한다. 나는 내가 인식하는 대상에 대해 감성이 풍부해지고 싶다."

그는 몇 개의 학교를 세워 독자적인 교육 방법을 실천했는데 자신의 교육 목적에 대해 다음과 같이 명확하게 정리했습니다.

"교육의 근본 목적은 인간 개혁을 통한 사회 개혁에 두고 그 교육의 출발점은 가정이다. 그 구체적인 방법은 첫째, 인간의 내재된 자질과 능력 등을 교육을 통해 계발하므로 자아를 실현한다. 둘째, 하나님이 각자에게 부여한 능력을 개발한다. 셋째, 여러 능력의 조화로운 계발에 의한 인격을 도약한다. 넷째, 각자가 하나님이 맡기신 몫을 하면서 개성을 실현한다. 다섯째, 각자가 그 삶으로 사회의 바람직한 일꾼이 된다. 여섯째, 궁극적으로 인류의 완성을 기하며 믿음, 소망, 사랑으로 모든 일을 실천한다."

당신은 지금까지의 교육에 대해 어떻게 생각하십니까?

나는 얼마 전에 여동생의 친구와 대화를 나눈 적이 있습니다.

그 친구는 전형적인 한국 스타일의 부모님 밑에서 자라 공부만 열심히 하는 아이였습니다. 부모님의 요구는 "너는 공부만 해라. 나머지는 우리가 다 알아서 해줄게"였습니다.

그 아이는 "공부만 해서 좋은 대학을 나와 좋은 직장인 대기업에 취직하여 월급 몇 푼 받다 결혼하여 살림을 꾸리고 퇴직하여 집안 살림만 하다가 할머니가 되어 죽는 것"이라는 평범한 전형적인 한국인 스타일인 아이였습니다.

동생과 함께 시험 공부하려고 집에 왔다가 나와 대화를 나누게 되었습니다. 내가 위의 것을 이야기하니 다 옳다며 신기해하는 것이었습니다. 나도 작가의 길을 걷기 전에는 그 아이와 같은 전형적인 한국인의 평범한 길을 걸었었기 때문입니다.

공부는 나에게 맞지 않았고 결국 학교를 무작정 나왔지만 막상 할 게 없었습니다. 그러던 중 아버지께서 공동 저자에 참여해 보라는 기회를 주셔서 해보니 내 적성에 맞는 것이었습니다. 내게 글 쓰는 천재적인 재능이 있었던 것입니다.

그 아이는 나보다 한 살 어리지만 16년 동안 공부만 죽어라 했습니다. 나는 그것이 잘못된 것이라고 설명했습니다. 나는 그 아이에게 여러 가지 예를 들며 앞으로 인생을 어떤 스타일로 살아야 할지 자세히 이야기해 주었습니다.

"공부만이 인생의 전부가 아니야. 인생에 있어서 네가 진정으로 하고 싶은 것, 아무리 해도 질리지 않고 열정적으로 할 수 있는 것을 찾아야 돼. 누군가 시켜서 억지로 하는 공부는 쓸데없어. 공부를 잘해서 좋은 대학을 졸업하고 좋은 직장에 취직해서 결혼하고 직장 다니다 퇴직해서 가정 살림만 하다 할머니가 되어 죽으면 그만큼 허무한 인생이 어디 있을까? 차라리 실패도 해보고 성공도 해보며 다이내믹한 삶을 사는 게 더 재미있지 않을까? 이렇게 살면 너에겐 미래가 없어. 하지만 아직 늦지 않았어. 아직 네가 어리기 때문이야. 적어도 100년은 더 살아야 할 텐데 100년 동안 아무것도 안 하고 살 순 없지 않겠니? 실패해도 괜찮아. 지금까지 한 나라를 먹여 살리는 대기업을 세운 사람이나 크게 성공한 사람을 보면 한 번 쯤은 실패를 겪어본 사람이야. 그들 중 한 번이라도 실패를 안 한 사람은 없어. 실패했다고 좌절하지 말고 극복하고 일어나야 돼. 극복하지 못하면 그것으로 인생은 끝이야. 한 가지 희망은 하나님이 개인마다 감당치 못할 시험은 허락지 않으셨다는 것이야. 모두 극복할 수 있지만 나약한 마음을 가져서 실패하고 좌절하는 거야. 강인한 마음을 가지고 먼저 네가 가장 하고 싶은 것을 찾아. 지금까지 공부가 100이었다면 이제는 하고 싶은 것을 찾는데 더 주력해. 하고 싶은 것 30 공부 70, 하고 싶은 것 50 공부 50, 하고 싶은 것 70 공부 30. 이렇게 점점 공부를 줄이고 진정으로 재미있고 네 적성에 맞는 것을 찾아. 그러면 모험을 즐기며 좀 더 재미있는 인생을 살겠지? 정말 네 가슴이 설레는 일을 하며 행복한 인생을 살아야 해."

이것은 우리나라의 모든 학생에게 해당하는 것입니다.

얼마 전 여러 대기업에서 블라인드 면접을 했다고 합니다. 블라인드 면접이란 이름, 나이, 성별을 제외하고 모든 스펙을 가리고 인성을 중요시한 면접입니다.

공부를 열심히 안 해도 좋은 대기업에 취직 할 날이 멀지 않았습니다. 그리고 남이 세운 회사에서 일하지 말고 당신이 회사를 세워 직원을 뽑는 길을 선택해야 합니다. 첫 단추를 잘 끼워야 합니다.

당신은 어떤 선택을 하겠습니까?

혹시 당신도 당신의 자녀에게 공부만 하라며 억압하고 있진 않습니까? 이 책은 10대들을 위한 책이지만 혹시 당신이 자녀가 있고 그 자녀가 학생이라면 공부만 하라고 억압하지 마십시오.

자녀가 자신이 진정으로 하고 싶은 일을 찾아갈 수 있도록 도와주십시오. 그렇지 않으면 당신의 자녀는 평생 밑바닥 인생을 살며 후회의 피눈물을 흘릴 것입니다. 그런 불행한 인생은 당신만으로 족합니다. 가난도 저주도 당신의 대에서 끝내십시오. 후손에게 가난과 저주를 물려주지 마십시오. 부요와 축복을 물려주십시오.

당신의 자녀는 그렇게 살 자격이 있습니다.

독보적인 영역을 정하고 지켜라

당신은 자기만의 영역을 잘 관리하고 있습니까?

사람들에게는 각자의 영역이 있습니다. 하지만 대부분의 사람들은 자기 영역에 대해 잘 모를뿐더러 아예 관리하지 않습니다. 당신은 영역에 대해 확실하게 알아야 하며 관리를 철저히 해야 합니다.

하나님이 각자에게 주신 독특한 영역이 있습니다. 대부분은 개인의 사생활이고 몇 가지는 공개되어 있는 영역입니다. 그리고 공개되면 절대로 안 되는 '내탕고'라는 비밀 영역이 있습니다.

성경에 히스기야 왕이 자기가 아파 죽게 되었을 때 위문하러 온 이방 나라 신하에게 감동하여 하나님이 금하신 내탕고를 다 보여주었습니다. 그로 인해 큰 징계를 받았습니다.

당신에게도 그런 특별한 영역이 있을 것입니다. 그 영역을 혈통과 육정과 사람의 뜻에 따라 공개하면 그날로 끝장입니다. 사람들의 작은 배려에 너무 감동받지 말고 성령님께만 민감해야 합니다.

사람들은 자신의 영역에 대해 잘 모릅니다. 그리고 자신의 영역을 관리하지 않고 다른 사람의 영역을 존중하지도 않습니다. 영역을 침범해서 제멋대로 행동하는 사람이 많습니다. 당신은 영역을 관리하고 자신과 다른 사람의 영역을 존중해야 합니다.

각자 자기만의 일상이 있습니다. 그런데 갑자기 다른 사람이 일상에 침범해 온다면 당신은 어떻게 하겠습니까? 당신은 자신의 영역 표시를 정확하게 해야 하며 아무나 함부로 당신의 영역을 침범하지 않도록 정신을 차리고 깨어 잘 관리해야 합니다.

자신의 영역을 관리하지 않고 방치해 둔다면 다른 사람들이 계속 침범해 옵니다. 그리고 머지않아 깔보게 되며 서슴없이 자기가 주인인 것처럼 행세할 것입니다. 그러면 다 잃게 됩니다.

영역도 여러 가지 종류가 있습니다. 그 중 가장 가치 있고 중요한 것이 혼자 있는 시간이나 영혼의 아버지나 육체의 아버지와 함께 있는 시간입니다. 그 시간은 누구도 넘보지 못하도록 철저하게 관리해야 합니다. 그곳만의 특별한 기름 부음이 있기 때문입니다.

어떤 사람들은 내 아버지 김열방 천재 멘토의 영역에 발을 들여놓기 위해 갖은 노력을 합니다. 책을 180권 쓴 아버지와 카페에 앉아 같이 커피를 마시는 것도 영광스럽게 생각하고 밥 한 끼 같이 먹는 것도 대단한 영광으로 여깁니다. 하지만 아버지는 함부로 사람들이 그분의 영역에 들어오는 것을 허락하지 않습니다.

눈에 보이는 영역에는 어떤 것이 있을까요? 들판, 울타리, 성벽, 집무실, 혼자 등 다섯 가지인데 한 마디로 '들울성집혼'입니다.

첫째, 가장 넓은 들판 영역은 모든 사람에게 공개되어 있는 곳입니다. 둘째, 조금 좁히면 울타리 영역입니다. 내가 아는 지인, 친구나 친척에게만 공개된 영역입니다. 셋째, 더 좁히면 성벽 영역입니다. 그 영역엔 가족이라도 극소수만 알고 있습니다. 가장 친하고 신뢰하는 사람에게만 공개된 곳입니다.

넷째, 좀 더 좁히면 성 안쪽의 내 집무실 영역입니다. 이 영역은 아무나 범접치 못하고 내가 초대한 사람만 들어올 수 있는 특별한 영역입니다. 이 영역에서 일대일 코칭도 할 수 있습니다.

마지막으로 누구에게도 공개되지 않은 혼자만의 영역입니다. 그곳은 혼자 생각하며 쉬기도 하고 책도 보고 자기만의 시간을 가질 수 있는 영역입니다. 하나님과 단 둘이 의논하는 영역입니다.

성공한 후에도 내 모든 비밀을 그릇이 되지 않는 다른 사람에게 함부로 자랑하듯 떠벌이며 누설하면 안 됩니다. 그러면 한 순간에 모든 것을 잃게 될 수도 있습니다. 하나님께서 당신에게 특별히 주신 당신만의 내탕고를 잘 관리하십시오. 그리하여 오래도록 성공적인 삶을 살기 바랍니다.

당신의 말에는 엄청난 힘이 있다

당신은 어떤 말로 하루를 시작하십니까?

나는 아침에 일어나면 먼저 내게 던지는 한마디가 있습니다.

그것은 "나는 할 수 있다"입니다. 당신도 아침에 일어나면 눈곱을 떼면서 "나는 할 수 있다"라고 말해 보십시오.

사람들은 가끔 말과 행동이 지나칠 때가 있습니다. 하지 말아야 할 말을 내뱉고 해선 안 되는 행동을 합니다. 하나님은 두 귀와 하나의 입을 주셨습니다. 입은 조용하고 두 귀로 잘 들으라고 하신 것입니다. 한 귀로 듣고 한 귀로 흘려서 다른 사람의 말을 무시하거나 한 입으로 두말해서 사람들의 신뢰를 무너뜨린다면 당신도 그 사람들에게 무시당하게 됩니다.

말과 행동을 삼가고 경청하는 자세를 취하며 입으로 내뱉는 말을 조심해야 합니다. 말 한 마디로 천 냥 빚을 질수도 있고, 천 냥 돈을 벌수도 있습니다. 당신이 어떤 말을 하느냐에 따라 주위 사람이 달라집니다. 긍정적인 말을 하면 주위 사람도 긍정적으로 행복하게 변하고 부정적인 말을 하면 주위 사람은 부정적으로 침울해집니다.

행동하는 것도 마찬가지입니다. 당신이 하는 행동을 다른 사람들이 배우고 따라 합니다. 어떻게 행동하느냐에 따라 주위 사람의 태도가 달라집니다. 존중받고 싶은 만큼 존중하는 행동을 하십시오.

말을 할 거면 최대한 긍정적인 말을 해주고 행동을 하는 것도 모범이 되는 행동을 하십시오. 당신이 하는 모든 행동은 당신의 아랫사람이 따라 하게 됩니다.

두 귀가 있다고 팔랑 귀가 되지 마십시오. 두 귀는 경청을 위해 있는 것입니다. 주변 사람들이 하는 말들에 사로잡혀 그대로만 하면 당신은 꼭두각시일 뿐입니다. 들을 말은 듣고 쓸데없는 말은 흘리는 지혜도 필요합니다.

사람들이 하는 말을 모두 다 받아들이다 보면 당신만 피곤해집니다. 당신에게 도움이 될 만한 말과 교훈을 주는 말만 받아들이고 쓸데 없는 말은 모두 한쪽 귀로 듣고 한쪽 귀로 흘려버리십시오.

사람들은 자신의 말에 아주 큰 힘이 있다는 것을 모릅니다. 당신은 하나님의 형상을 닮은 생명체입니다. 당신의 말에 엄청난 힘이 있음을 알아야 합니다. 하나님이 말씀으로 천지를 창조하셨습니다. 당신은 하나님처럼 말을 통해 사람들을 이끌 수 있습니다.

말을 통해 거액의 돈을 잃을 수도 있고 말을 통해 거액의 돈을 벌수도 있습니다. 당신의 말 한마디를 귀하게 여기십시오.

당신도 말로 천하를 호령하고 수백 수천억을 버십시오.

신과 동업하면 모든 일이 쉽다

당신은 하나님의 신이신 성령님과 동업하고 있습니까?

나는 그분과 동행하며 동업하고 있습니다. 어떻게 그것이 가능할까요? 나는 습관적으로 성령님을 의지합니다. "성령님, 함께 책을 쓰시지요"라거나 "성령님, 함께 산책하시지요" 하고 아주 사소한 일부터 중요한 일까지 성령님과 같이 합니다.

나는 지금 5층 주인집에 살고 있습니다. 처음엔 집을 나와 계단을 내려갈 때, 집으로 돌아와 계단을 올라갈 때 아주 힘들었습니다. 체력단련이라도 하는 듯 매일 힘들게 5층을 오르락내리락 하곤 했습니다. 그러다 하루는 아버지께서 "모든 일은 성령님과 함께 하는 것이다"라는 중요한 깨달음을 주셨습니다.

계단을 오를 때 "성령님, 함께 계단을 오르시지요" 하고, 내려갈 때 "성령님, 함께 계단을 내려가시지요"라고 합니다. 그렇게 성령님을 의지하니 하나도 힘들지 않았습니다. 성령님과 함께라면 순식간에 목적지에 다다릅니다. 시간이 많이 지난 것 같았는데 불과 몇 초밖에 지나지 않은 것을 보면 정말 놀랍습니다.

책을 쓸 때도 "성령님, 함께 책을 쓰시지요"라며 책을 씁니다. 그렇게 책을 쓰다 보면 시간과 공간을 초월하신 성령님이 내 안에서 강하게 일하십니다. 그러면 어느새 몇 시간이 지나가 있습니다.

성령님은 시간과 공간을 초월하는 분이십니다. 나는 성령님과 함께 어떤 일을 할 때 시간과 공간을 초월하여 일합니다. 또 어떤 때는 성령님과 친근하게 이야기 나누며 걸어가는데 그때 순식간에 목적지에 다다라 있는 나 자신을 봤습니다.

사람들은 보통 이런 말을 들으면 비웃습니다.

"어떻게 그게 가능해?"

나는 그런 사람들이 이해가 되지 않았습니다. 왜 비웃는지 몰랐습니다. 비웃는 대로 반응하느라 지칠 대로 지쳤습니다. 하지만 더 이상 반응하지 말고 무시하라는 하나님의 말씀을 듣고 지금은 무시하고 있습니다.

사람들이 비웃는 것에 따라 다 반응하다 보면 정말 힘듭니다. 나는 혼자 반응하지만 비웃는 사람은 여러 명이니 그들에게 맞춰 반응하는 것은 매우 힘듭니다. 그들은 어차피 그 정도밖에 되지 않으니까 비웃는 것입니다. 그 사람들이 나를 욕하고 비웃는다고 내 인생이 달라지는 것이 아닙니다. 나만 무시하고 내 갈 길을 가면 그만입니다.

당신은 크게 생각해야 합니다. 성령님과 동행하며 그분과 함께 모든 일을 처리할 때 그분이 갑작스레 아주 큰일을 맡기실 수 있습니다. 작은 일에 민감한 사람은 큰일을 할 수 없습니다. 나는 작은 것을 신경 쓰느라 큰일을 무시하는 사람을 본 적이 있습니다.

또 별거 아닌 일에 목숨 거는 사람도 있습니다. 많은 사람들이 큰일보다 작은 일을 더 중요하게 여깁니다. 수억, 수십억이 왔다 갔다 하는 일은 쉽게 처리합니다. 그런데 수십만 원 수백만 원이 왔다 갔다 하는 일은 아주 사소한 것까지 신경 쓰고 어쩔 줄 몰라 하는 사람을 보면 무슨 생각을 하는지 그 사람의 생각을 들여다보고 싶습니다.

솔직히 말하면 나도 예전엔 사소한 일에 목숨 걸 때가 있었습니다. 정말 작은 일이었는데, 그 일에 너무 과도한 신경을 쓴 탓에 그 일과 관련된 사람들이 피해를 입었습니다.

지금은 큰일을 할 때 성령님께 도움을 구합니다. "성령님, 이 일을 어떻게 처리할까요?" 하고 물으면 성령님께서 '이렇게 처리해라'고 말씀해 주기도 하고 어떤 것은 그분이 직접 해결해 주시기도 합니다. 전적으로 성령님께 맡기면 큰 문제도 쉽게 풀렸습니다.

우리는 작은 일이건 큰일이건 무엇이든 성령님께 맡기고 도움을 구해야 합니다. 크게 생각하는 습관을 들이고 지내다 보면 큰 문제가 닥쳤을 때 쉽게 해결할 수 있습니다. 크게 생각하십시오.

받았다고 믿고 기다리면 다 이루어진다

당신은 창조의 하나님을 아십니까?

"너희가 무엇이든지 기도하고 구한 것은 받았다고 믿으라. 그대로 되리라. 하나님은 없는 것을 있는 것같이 부르시며 무에서 유를 '창조'하시는 분이다. 먹을 것 마실 것 입을 것 걱정하지 마라. 꿈과 소원이 다 이루어졌다고 믿고 기다리면 실제로 이루어진다."

내가 얼마 전에 카카오 스토리에 기록한 글입니다.

수요 예배에서 말씀을 들으며 직접 깨달은 것입니다. 내가 '창조'라는 단어를 강조한 이유는 하나님이 모든 것을 말씀으로 창조하셨기 때문입니다. 또한 없는 것을 있는 것으로 부르시는 이도 하나님이시기 때문입니다.

태초에 하나님께서 천지를 창조하실 때 말씀으로 "빛이 있으라" 하셨고 그대로 되었습니다. 또한 말씀으로 "해와 달과 별이 생겨라. 하늘과 바다로 나뉘어라. 땅이 드러나라. 동물과 식물이 생겨나라"고 명하셨습니다. 그분은 모든 것을 말씀 한마디로 창조하셨습니다. 그런데 예외로 사람은 하나님이 직접 손으로 빚으셨습니다. 그러므로 우리는 특별하고 고귀한 존재입니다.

인생에서 순간순간마다 무수한 깨달음들이 있습니다. 하지만 그것을 어떻게 잡아내느냐가 중요합니다.

"그러므로 내가 너희에게 말하노니 무엇이든지 기도하고 구하는 것은 받은 줄로 믿으라. 그리하면 너희에게 그대로 되리라."(막 11:24)

이 말씀에 여러 가지 깨달음이 담겨 있습니다. 당신은 어떤 깨달음을 잡아냈습니까? 나는 이렇습니다.

첫째, 기도하고 구한 것은 받았다고 믿으라.

둘째, 구했으면 믿고 기다려라. 그대로 된다.

셋째, 하나님은 무에서 유를 '창조'하시는 분이다.

넷째, 하나님은 없는 것을 있는 것같이 부르시는 분이다.

다섯째, 먹을 것 마실 것 입을 것 걱정하지 말라.

나는 이렇게 다섯 가지의 깨달음을 얻었습니다. 다섯 가지에서 말하지 않은 것이 있는데 기도하고 구한 것은 미래의 소망형이 아닌 과거에 이루어진 완료형이라는 것입니다. 이미 이루어졌음을 믿고 구할 때 하나님은 시간을 두고 꼭 필요할 때 채워 주십니다.

당신은 어떻게 구하겠습니까?

"주실 줄로 믿습니다"와 "주셨음, 감사합니다"는 엄청난 차이가 있습니다. 앞에 것은 미래에 일어날 것으로 소망하는 기도입니다. 하지만 뒤에 것은 이미 받았다고 믿는 과거 완료형 기도입니다.

이제 위의 깨달음을 이해하기 쉽게 설명하겠습니다.

첫째, 기도하고 구한 것은 받았다고 믿어야 합니다.

당신은 하나님께 무언가를 구한 적이 많을 것입니다. 하나님께

기도로 구한 적도 있을 것이고 하나님께 무언가 소망하며 간절히 울며 기도한 적도 있을 것입니다. "하루에 몇 시간씩 기도하면 채워 주시겠지" 하며 한 시간, 세 시간, 일곱 시간을 기도한 사람도 있을 것입니다. 그러나 그렇게 할 필요가 없습니다. 응답 못 받는 소망의 기도를 하지 말고 응답 꼭 받는 믿음의 기도를 해야 합니다.

나는 목사님이신 아버지를 통해 하나님께 구하는 방법을 배웠습니다. 예전에 아버지는 율법주의로 교회 성도들을 괴롭혔는데 그것이 잘못되었다는 것을 깨닫고 교회를 다시 시작하셨습니다.

율법주의는 하나님께 쓰임 받기 위해 몇 시간씩 기도해야 하고 기름 부음을 받기 위해 영성 훈련을 받고 철야 기도에 금식까지 해야 한다는 자기 의를 내세우는 육체주의입니다.

성경에는 하나님이 믿음으로 기름 부음을 주셨다고 했습니다. 믿어 의심치 않으면 하나님이 기적을 베풀어 주신다는 기록도 있습니다. 당신은 기존에 죄, 목마름, 병, 가난, 어리석음 가운데 있었지만 하나님을 믿음으로 의, 성령 충만, 건강, 부요, 지혜가 넘치게 되었음을 알아야 합니다. 당신은 복음주의를 받아들여야 합니다.

둘째, 구했으면 믿고 기다리십시오. 그러면 그대로 됩니다.

보통은 구하면 못 기다리고 당장에라도 응답이 와야 한다고 생각합니다. 하지만 하나님은 시간과 공간을 초월하신 분입니다. 우리의 하루가 하나님께 천 년이 될 수 있고, 우리의 천 년이 하나님께 하루가 될 수도 있습니다. 그렇기에 당신은 시간을 두고 기다리는 것을 배울 필요가 있습니다.

셋째, 하나님은 무에서 유를 창조하시는 분입니다.

하나님은 말씀으로 천지를 창조하셨습니다. 창조를 했다는 것은 당신이 상상할 수 없는 것을 만들어 냈다는 것입니다. 인간이 상상할 수 없는 일을 진행하시는 분이 하나님이십니다.

넷째, 하나님은 없는 것을 있는 것같이 부르시는 분입니다.

당신에게 없는 것을 있게 하시는 분이 하나님이십니다. 만약 당신이 없는 것을 구하면 그 없는 것을 생겨나게 하십니다. 하나님은 당신이 필요한 것을 다 채우십니다. 필요한 때 필요한 사람을 보내기도 하고 필요한 때 필요한 물건을 생겨나게 하십니다.

다섯 째, 먹을 것 마실 것 입을 것 걱정하지 마십시오.

하나님은 당신의 모든 쓸 것을 다 채우십니다. 이미 당신이 가진 모든 것은 하나님이 채우신 것입니다. 당신은 먹을 것 마실 것 입을 것 걱정하지 마십시오. 하나님이 다 채우십니다. 당신에게 필요한 양식을 보내 주시고 필요한 입을 옷도 다 채우십니다.

당신은 하나님의 자녀입니다. 자녀의 권세는 무엇이든지 구할 수 있다는 것입니다. 믿음으로 당당히 요청하고 구하십시오. 그러면 하나님이 책임지고 다 채워 주십니다.

원하는 것을 분명하게 요청하라

당신은 어떤 일을 할 때 분명하게 요청을 합니까?

당신이 무슨 일을 하든지 구하고 찾고 두드려야 합니다.

사람들은 무언가 일을 할 때 땀을 뻘뻘 흘리며 혼자 합니다. 누군가에게 요청하기 꺼려하는 것이죠. 왜 그럴까요? 요청하는 방법을 모르기 때문입니다. 아니면 다른 사람과 같이 일하기보단 혼자 일하는 것에 익숙한 사람이기 때문에 그럴 수도 있습니다.

혼자 일하는 것을 좋아하는 사람은 어쩔 수 없지만 큰일을 하려면 혼자 다 할 수 없습니다. 주위 사람들에게 요청하는 방법에 대해서 배우고 익혀야 합니다. 그것을 삶에 적용하고 실천해야 합니다.

사람들은 요청의 힘이 얼마나 중요한지 잘 모르는 것 같습니다. 큰일을 하려면 조직력, 협상력, 통치력, 요청력, 설득력 등이 모두 필요합니다. 예수님은 요청의 대가이셨습니다. 그분은 요청을 통해 많을 일을 진행하셨습니다. 당신도 요청하십시오.

요청하면 얻습니다. 요청하지 않으면 얻을 것이 없습니다.

나는 수많은 문제나 내게 필요한 것이 있을 때 하나님께 요청합니다. 내가 하나님께 필요한 것을 요청할 때 하나님께서는 내게 지시하십니다. "그 사람을 통해 너에게 공급 해주겠다." 아니면 "그 사람에게 요청해라. 그가 요청에 응답할 것이다"라고 하십니다.

그 말씀에 순종하여 그 사람에게 요청하면 신기하게도 내게 필요한 것이 채워졌습니다. 나는 여러 번 그런 경험을 했고 그것을 통해 요청하는 것이 얼마나 유용하고 좋은지 알게 되었습니다. 요청하는 것은 쉽습니다. 필요한 것에 대해 구하고 찾고 두드리면 됩니다.

먼저 하나님께 구해야 합니다. 그리고 주변 환경에서 그것을 찾아야 합니다. 마지막으로 그것을 가진 사람에게 두드려야 합니다.

요청해야 할 사람을 찾았다면 그 사람에게 문을 열어 달라고 두드려야 합니다. 그러면 어떤 사람은 거절할 수 있습니다. 거절을 징검다리로 여기고 계속 두드리고 두드리면 문이 열리게 됩니다.

하나님은 이미 당신에게 한없는 축복을 주셨습니다.

불평 마인드에서 감사 마인드로 바꾸라

당신은 감사 마인드로 살아가고 있습니까?

나는 구별된 사회로 온다는 선택을 했고 지금 독보적인 길을 가고 있습니다. 후에 사람들에게 널리 알려져 유명해질 것입니다.

사람들은 없는 것 때문에 불평을 자주 합니다. 아주 많이 불평을 터트립니다. 나도 옛날에는 종종 없는 것을 가지고 불평했습니다. 그때를 생각하면 꽤 많이 불평했던 것 같습니다.

그때 나는 철들지 않았습니다. 불평할 때 주위 사람과 나를 비교하기도 했고 하나님께 원망하기도 했습니다. 지금도 가끔 그때를 떠올려 보면 왜 그렇게 없는 것을 가지고 불평했는지 코웃음이 나옵니다. 한 번 불평이 터져 나오면 얼마나 많이 했는지 그때 한 불평을 모아 책을 쓴다면 아마 2~3권 정도는 쓸 수 있을 것입니다.

나는 중학교 때 친구가 많지 않았습니다. 그래서 하나님께 친구를 달라며 애원했습니다. 어떤 때는 친구가 없는 것에 대해 불평불만을 쏟아 냈습니다. 하지만 그것이 쓸데없는 것임을 깨닫게 되었습니다. 그래서 지금은 있는 것에 대해 감사하고 있습니다.

하루를 살면서 하나님이 당신에게 베푸신 것을 생각해보십시오.

정말 어마어마하게 많습니다. 하나님은 자기를 믿는 사람에게 한없는 축복을 주신다고 했습니다. 그것은 영원불변할 것이며 지금 나에게도 많은 축복이 내려오고 있습니다.

사람들은 자신이 원하는 무언가가 없을 때는 한없이 소망하다가 막상 그것이 생겨나면 투덜거립니다. 물론 처음에는 감사합니다. 하지만 시간이 조금만 지나면 그것이 처음부터 있었다는 듯이 금방 익숙해집니다. 결국에는 있던 것을 놓고 또 불평하거나 다른 없는 것 때문에 힘들어하며 불행해집니다.

하나님은 축복을 주신다고 했지만 불평하는 사람에게는 주기 싫으실 것입니다. 불평하지 마십시오. 있는 것을 감사하십시오. 그리고 원하는 것을 구하십시오. 투덜거리며 구하지 말고 감사함으로 구하십시오. 그러면 하나님께서 기꺼이 응답해 주실 것입니다.

이스라엘 백성들이 그랬습니다. 애굽의 노예 생활에서 빠져나와 구원과 자유를 얻었습니다. 이제 구원과 자유는 그들에게 있는 것입니다. 그런데 그들은 얼마 후에 고기와 물이 없다고 불평했습니다. 그 결과 하나님께서 고기와 물을 주셨지만 그들은 죽도록 광야의 길을 헤매며 고생해야 했습니다.

어떤 사람은 있는 것으로도 불평합니다. 사람들은 필요 없는 것이 괜히 있다고 불평하는 경우가 있습니다. 하지만 하나님은 그런 불평하는 소리를 매우 듣기 싫어하십니다. 특히 하나님이 주신 것을 놓고 불평 할 때 하나님의 마음은 아픕니다.

하나님은 쓸 데 없는 것을 만들지도, 당신에게 주지도 않았습니다. 그때는 필요 없다고 느낄 뿐입니다. 하지만 어느 순간에 필요한 것이 있고 또 어느 순간에 필요하지 않은 것이 있을 뿐입니다. 당신은 어느 순간부터 있는 것에 대해 불평하고 있는지 모릅니다. 아내와 자녀, 친구, 큰집, 많은 돈과 책, 많은 신발과 옷 등 순간적인 충동에 의해 불평하는 것입니다. 불평하면 다 잃고 더 이상 좋은 것을 얻을 수 없습니다. 그런 일이 없도록 생각을 바꿔 나가십시오.

없는 것과 있는 것을 놓고 불평하면 모두 잃게 됩니다. 그렇게 원망하고 불평하는 자에게 하나님께서는 더 이상 채워 주시지 않습니다. 원망하며 하나님께 구할 때 하나님께서 당신이 구하는 것은 외면할 수도 있습니다. 원망하는 사람에게는 필요한 순간에 필요한 것이 채워지지 않을 수도 있습니다. 왜냐하면 더 많이 생길수록 더 많이 원망하기 때문입니다. 또 없는 것으로 불평하다 있는 것까지 모두 빼앗길 수 있습니다. 당장 원망과 불평을 멈추십시오.

있는 것에 대해서는 감사하고 없는 것에 대해 불평하지 않는 사람이 가장 좋은 사람입니다. 이런 사람에게는 하나님께서 한없는 응답과 축복을 주십니다. 그리고 이 사람은 없는 것을 놓고 불평하지 않고 하나님께 단순히 필요한 것만 구합니다. 그리고 받은 것에 감사하며 행복해 합니다.

당신은 하나님께 무엇이든지 구하십시오.

"돈이 필요합니다. 돈을 채워 주세요."

"집이 필요합니다. 집을 가지게 해 주세요."

"옷을 주세요. 필요한 것이 채워졌음을 믿습니다."

그리고 받았다고 믿고 감사하십시오. 낙천가의 마음으로 여유롭게 기다리십시오. 그렇게 감사함으로 요청하며 구할 때 하나님은 그것이 필요한 순간에 넘치도록 채워 주십니다.

어떤 사람은 없는 것만 불평하는 것이 아니라 있는 것을 놓고도 불평을 쏟아 냅니다. 그러면 안 됩니다. 당신은 절대로 그런 종류의 사람이 되지 마십시오. 그러면 결국 있는 것 없는 것 다 빼앗기고 남는 것이라고는 몸뚱이 하나밖에 없을 것입니다. 이런 불평 마인드를 가지고 있었다면 빨리 감사 마인드로 바꾸십시오.

당신은 어떤 종류의 사람이 되기를 원하십니까?

없는 것을 놓고 불평해선 안 됩니다. 차라리 지금까지 풍성히 채워 주신 모든 것에 대해 감사하는 마음으로 원하는 것을 하나님께 당당히 구하는 게 낫습니다. 하나님은 감사함으로 구하는 당신에게 다른 모든 것도 기필코 응답하십니다.

없는 것에 불평하지 말고 있는 것에 감사하라

당신은 지금 자신이 누리는 것을 세어 본 적이 있으십니까?

나는 항상 감사함으로 살아가고 있습니다. 하지만 대체로 사람들은 불평불만을 쏟아 내는 것 같습니다.

사람들은 자신이 가지고 있는 것을 원래 있었다는 듯 당연하게 여깁니다. 그것은 돈이 될 수도 있고 집과 땅, 그 외에 여러 가지 물건들입니다. 사실 세어 보면 넘치고 또 넘칩니다.

물건이 넘치고 있음에도 불구하고 감사는 고사하고 불평만 계속합니다. 다른 사람의 것이 더 좋아 보인다거나 "저 사람은 저게 있는데 왜 내겐 없는 거야"라며 불만을 토해 냅니다. 남의 떡이 더 커 보이는 것입니다. 비교에는 불행과 죽음만 있을 뿐입니다.

나도 불평불만을 한 적이 많았습니다. 하지만 불평불만을 했을 때 없는 것은 그대로 없었고 있던 것 마저 빼앗겼습니다.

하루는 하나님께서 내게 이런 말씀을 하셨습니다. "기도하고 구한 것은 받았다고 믿어라. 의심하지 마라. 겨자씨 만한 믿음으로도 의심치 않으면 산을 옮기거늘 어찌 의심하느냐? 의심하지 말고 나만 바라보아라. 내가 너에게 준 복을 세어 보아라. 네가 나에게 받은 것들을 세어 보아라. 얼마나 많으냐? 한두 가지 없다고 불평하지 말고 받은 복을 감사함으로 누려라."

그때 나는 '없는 것도 감사, 있는 것도 감사하자'라는 깨달음을 얻었습니다. 그래서 지금은 없는 것은 감사함으로 구하고 있는 것도 감사함으로 풍요롭게 누리고 있습니다.

핵심을 콕 집어서 말하겠습니다.

첫째, 있는 것에 감사하라.

둘째, 없는 것으로 불평하지 마라.

셋째, 없으면 구하라, 찾으라, 두드리라. 그러면 얻을 것이다.

넷째, 받은 복을 세어 보아라.

다섯째, 한두 가지 이루어지지 않은 것으로 불평하지 말고 받은 복을 감사하고 누려라.

하나씩 자세히 살펴볼까요.

첫째, 있는 것에 감사하며 살아야 합니다.

당신에게 주어진 것을 감사하며 잘 활용해야 합니다.

사람들은 있어도 없는 것처럼 "나는 부족해요. 가진 게 없어요. 가난해요"라며 투정만 부립니다. 하지만 당신은 그러지 말아야 합니다. 거지 마인드, 궁핍 의식을 버리고 부요 마인드, 풍요 의식을 가지고 사십시오. 없는 것을 있는 것처럼 믿음의 눈으로 바라보며 이렇게 말하십시오.

"나는 가진 게 많다!"

"나는 부요하다!"

"나는 풍족하다!"

풍요로운 마음으로 살아갈 때 모든 것이 더 풍성하게 채워집니다. 있다고 하는 자에게 하나님이 더 많은 것을 주시기 때문입니다.

둘째, 없는 것으로 인해 불평하지 마십시오.

없다고 불평하는 사람에게 어느 누가 좋은 것을 주겠습니까? 없다고 불평하기보단 없지만 감사해야 합니다. 그리고 "하나님이 다 채워 주실 거야"라고 믿고 하나님께 구하면 됩니다.

셋째, 없다고 불평하지 말고 구하고 찾고 두드려야 합니다.

가장 중요합니다. 없다고 불평하지 말고 구하고 찾고 두드리면 원하는 것을 얻게 된다는 것을 명심하십시오.

당신에게 어떤 물건이 필요하다고 가정합시다. 이때 당신이 그 물건이 없다며 불평불만을 하면 그 물건은 다른 사람에게로 넘어갑니다. 하지만 그 물건을 감사함으로 구하고 기다리면 얻게 됩니다.

두드리라는 것은 요청하라는 것입니다. 불평보단 요청을 하십시오. 그러면 원하는 것을 얻게 될 것입니다. 단, 99퍼센트의 믿음이 있더라도 1퍼센트의 의심도 하지 말아야 합니다. 온전히 믿고 기다리면 하나님께서 필요한 순간에 넘치게 채워 주십니다.

넷째, 당신이 지금까지 살아오면서 하나님께 받은 복을 세어 보십시오. 셀 수 없이 많을 것입니다. 무의식중에 받은 것도 있을 것이고 필요할 때 요청함으로 받은 것도 있을 것입니다.

다섯째, 그렇게 세어 본 복을 감사함으로 누리십시오. 그것을 감사하고 누릴 때 하나님은 기뻐하시고 더 많이 채워 주십니다.

넘치도록 채워 주시는 하나님께 감사함으로 구하고 받아 누리십시오. 당신은 결코 없는 것으로 인해 불평하므로 있는 것까지 빼앗기는 어리석은 사람이 되지 않기 바랍니다.

걱정 근심을 버리고 낙천가가 되라

당신은 매일 걱정 근심에 빠져 살고 있지 않습니까?

걱정 근심을 버리고 낙천가의 행복한 삶을 사십시오.

나는 예전에 걱정과 근심이 많았습니다. 지금은 전혀 그런 것이 없지만 중학교를 다닐 때만 해도 매일 두려움에 살았습니다. 학교에 가는 것은 죽는 것보다 싫었고, 하루하루 사망의 골짜기를 지나다니는 것처럼 힘겹게 느껴졌습니다. 학교에서 왕따와 괴롭힘이 많았기 때문이었습니다.

무거운 발걸음으로 겨우 학교에 도착하면 시간마다 숨죽이고 존재가 없는 것처럼 지냈습니다. 지금은 오히려 나의 존재감을 드러내 놓고 다닙니다. 겉모습도 꾸미고 속 모습도 갈고닦으며 하루하루 즐겁게 보내고 있습니다. 걱정 근심이 다 사라졌기 때문입니다.

성경에 "그러므로 내일 일을 위하여 염려하지 말라. 내일 일은 내일이 염려할 것이요 한 날의 괴로움은 그 날로 족하니라"(마 6:34)고 되어 있습니다. 여기서 몇 가지 교훈을 얻을 수 있습니다.

첫째, 내일 일을 염려하지 마라.

둘째, 오늘 걱정은 오늘로 족하다, 끝내라.

셋째, 내일 일은 내일 걱정하자.

학교 다닐 땐 하루만 아닌 매일 염려와 근심으로 살았습니다. 지금은 매일 즐겁게 살며 "내일 문제는 내일 해결하자"고 생각하는 단순한 사람이 되었습니다.

당신도 지금까지 매일이 걱정 근심이었다면 이제 바꾸십시오. 당신 속에 거하신 성령님께 도움을 구하십시오. 백배로 크게 생각하십시오. 그러면 당신이 생각하는 것보다 그 문제가 훨씬 작은 것임을 발견하게 될 것입니다.

당신은 하루하루를 어떻게 살아가고 있습니까? 오늘 걱정을 오늘만 해도 힘든데 내일 할 일까지 걱정한다면 인생이 얼마나 고달프겠습니까? 만약 오늘 걱정, 내일 걱정 다 하고 있다면 멈추십시오. "오늘의 문제는 오늘 해결하고 내일의 문제는 내일 해결하자"는 마음을 가지십시오. 하루하루를 힘 있고 멋지게 살아보십시오. 오늘 걱정은 오늘로 끝내고 내일 걱정은 내일로 미루십시오.

오늘 즐거운 인생을 살아갑시다!

시련을 과정으로 여기고 전체를 보라

당신은 결과 마인드입니까? 과정 마인드입니까?

결과 마인드와 과정 마인드라는 것이 무엇일까요? 조금 생소하게 들릴 것입니다. 결과 마인드란 모든 일을 결과처럼 생각하여 조금만 일이 틀어져도 그 일이 실패한 것처럼 불평불만을 쏟아 내고 조금만 잘 돼도 그 일이 크게 성공한 것 마냥 좋아하는 것입니다.

과정 마인드란 모든 일을 과정처럼 생각하고 항상 감사하며 일이 많이 틀어지든 조금 틀어지든 상관하지 않고 "이것은 과정일 뿐이야"라며 감사하는 삶을 사는 것입니다.

나는 예전엔 모든 일을 다 결과로 보았습니다. 공부할 때도 내가 원하는 시험 성적이 나오지 않았다고 낙심하거나 큰 고민에 빠지기도 했습니다. '나는 안 될 놈이야'라며 자기 비하를 하기도 했습니다. 그 이유는 모든 것을 끝맺은 결과로 보았기 때문이었습니다.

무슨 일을 하더라도 그것을 과정으로 여기지 않고 결과로 여기니 내 마음이 불행해졌습니다. 눈에 보이는 일시적인 결과만 놓고 투덜거렸습니다. 시험 성적이 낮다거나 어떤 일이 계획한 대로 잘 안되었을 때는 마음이 무척 심란해졌습니다.

어느 날 결과를 보고 일을 하던 중 문득 생각이 났습니다.

'이 결과 속에 과정이 있을 거야. 그렇다면 결과만 보지 말고 과정을 한 번 보자'

그래서 일을 할 때 한 번은 결과를 보고 또 한 번은 과정만 보면서 내 마음을 실험해 보았습니다. 그러자 결과로 본 일은 실패하자 큰 낙심이 들었고 과정으로 본 일은 실패해도 별 내색이 없었습니다. 그리고 다시 다른 일로 성공 했을 때, 결과로 본 일은 뛸 듯이 기뻐했지만 과정으로 본 일은 아무런 감정도 일어나지 않았습니다.

나는 귀한 깨달음을 얻었습니다. 나는 현재 모든 일을 다 과정으로 여깁니다. 과정 마인드를 깨달았기 때문입니다. 시련이 와도 과정으로 여기며 '잠깐 일어나는 것뿐이야'라는 생각으로 견딥니다.

내가 만약 결과 마인드를 계속 가지고 살았더라면 과연 지금 어떤 사람이 되었을까요? 짐작은 되지만 그렇게 되고 싶지는 않습니다. 불평하며 시련에 굴복하느니 감사하며 시련을 견뎌 내는 게 더 낫다고 봅니다.

사람들은 보통 모든 일을 결과로 보며 힘들어 합니다.

예를 들어, 한 사람이 있습니다. 그 사람은 어떤 문제에 부딪혔습니다. 그런데 그 사람은 그 문제를 해결하지 못해 낙심했습니다. 그 사람이 "나는 이 문제를 해결하지 못해서 더 큰 문제가 생겼어 나는 살 희망을 잃었어. 나는 뭘 해도 안 돼"라며 좌절한다면 그 사람은 거기에서 끝나는 것입니다. 앞으로 더 나아갈 수 없습니다.

하지만 그와 달리 다른 한 사람은 그 문제를 해결하지 못했지만 과정으로 여기며 "이것은 과정일 뿐이야. 아직 나에겐 기회가 있어"

라며 다른 일을 시도한다면 두 사람의 차이는 어마어마하게 벌어지게 됩니다. 그렇다면 결과는 어디에 있을까요?

결과는 죽음입니다. 죽어서 천국에 가는 것이 결과입니다. 나는 120살까지 건강하게 살다가 미래의 아내와 함께 잠자는 듯이 죽는 게 소원입니다. 그렇다면 죽기 전까지의 일은 모두 과정에 불과합니다. 당신도 모든 일을 과정으로 여긴다면 어려운 것이 하나도 없게 됩니다. 다 즐거울 뿐입니다.

당신은 어떻게 하겠습니까? 인생을 다 산 사람처럼 모든 일을 결과로 여기며 마음이 꽁꽁 얼어붙어 다른 일을 못하는 어리석은 사람이 되겠습니까? 아니면 120살까지 달려가며 모든 일을 과정으로 여기는 지혜로운 사람이 되겠습니까? 나는 120살이 되기 전까지는 모든 일을 과정처럼 여기며 낙천가의 마음으로 달려갈 것입니다.

이 깨달음은 삶에 있어서 정말 중요한 것입니다. 웬만한 사람은 모르거나 무의식적으로 대충 알고 있습니다. 당신은 이 책에서 깨닫고 삶에 적용시키십시오. 그리하여 진보하는 삶을 사십시오.

당신도 나처럼 120살까지 건강하게 살며 모든 일을 과정으로 여기며 한발씩 앞으로 나아가기 바랍니다.

누구나 이 정도 시련은 겪는다고 여기라

당신은 과거에 어떤 시련을 겪었습니까?

하나님은 사람을 강하게 연단하기 위해 시련을 주십니다. 고난과 역경이 찾아옵니다. 그럴 때 사람들은 좌절하고 포기합니다.

하나님은 각 사람마다 감당할 수 있는 만큼의 시련만 주십니다. 이때 고난과 역경을 헤치고 일어서면 그 사람은 매우 강해집니다.

지금 하는 일이 잘 안 됩니까? 아니면 과거에 몇 번 실패했습니까? 그것은 당신의 그릇의 크기를 늘리는 하나의 과정일 뿐입니다. 시련을 이겨내면 마음의 크기가 커집니다. 마음이 강해집니다. 다시 시련이 와도 굴하지 않습니다.

그런데 사람들은 왜 포기하고 좌절할까요? 절망감에 젖어 자살하고 다시 일어서지 못할까요? 그것은 사탄의 속삭임 때문입니다. 시련을 겪는 도중에 사탄이 와서 속삭입니다.

"너는 실패해."

"너는 다시 일어서지 못해."

"너는 아무것도 못하는 머저리일 뿐이야."

이러한 말로 속삭일 때 사람들은 그 속삭임을 순간 믿어 버립니다. 그리고 그 말이 마음속에 못처럼 박혀 결국 일어서지 못하고 그 자리에 주저앉게 됩니다. 사탄이 하는 거짓말에 속지 마십시오. 사탄은 우리를 실패로 이끄는 존재입니다. 사탄의 거짓말에 귀 기울이지 말고 하나님의 말씀에 귀 기울여야 합니다.

시련을 겪는 중 세 가지 과정이 있습니다.

애굽과 광야와 가나안입니다.

성경 출애굽기엔 이스라엘 백성이 430년 동안 노예 생활을 하다 모세를 통해 출애굽한 사건이 기록되어 있습니다. 애굽에서 노예 생활을 할 땐 하나님께 울기만 할 수밖에 없었습니다. 방어만 해야 했던 것입니다. 채찍을 조금이라도 덜 맞기 위해, 채찍에 맞을 때 조금이라도 덜 아프기 위해 몸부림쳐야 했습니다. 하나님의 말씀도 "참아라. 기다려라"는 말밖에 들리지 않았습니다.

나는 중학교 때 반에서 괴롭힘을 당했습니다. 힘이 없어 방어만 해야 했습니다. 최대한 괴롭힘을 덜 당하려고 애썼습니다.

도대체 이 문제를 어떻게 해결해야 할까요?

이스라엘 백성은 모세와 함께 애굽을 빠져나왔습니다. 원래 이집트에서 가나안까지 일주일 정도면 당도하는 거리였습니다. 하지만 이스라엘 백성들은 노예근성이 있었습니다. 하나님께 불평불만만 하고 가나안에 도착해도 부정적인 말을 했습니다. 그 벌로 광야를 40년간 헤맸습니다. 40년을 헤맬 때 하나님은 "내가 싸울 테니 너희는 지켜보라"고 하셨습니다. 그들은 침묵을 지키며 하나님이 싸우시는 것을 지켜보기만 했습니다. 하나님이 불과 구름 기둥으로 밤낮을 지키셨습니다. 만나와 메추라기를 내려 배불리 먹게 하셨습니다. 그럼에도 불구하고 이스라엘 사람들은 끝도 없이 불평불만을 쏟아 냈습니다.

나는 학교에서 방어만 하다 세월이 지나 사회로 나갔습니다. 그래서 지금은 하나님이 싸우는 것을 지켜보고 있습니다. 계속 그렇게만 하는 것이 옳을까요?

40년 후 이스라엘 백성들이 가나안에 다시 도착했을 때 하나님은 그들에게 "칼을 들고 나가 싸우라"고 지시하셨습니다. 이스라엘 백성들은 가나안에 입성하면서부터 계속 싸웠습니다. 큰소리를 지르며 가나안 거민들과 싸우고 블레셋과도 싸웠습니다. 수년에 걸쳐 전쟁을 하며 가나안 족속을 몰아낸 후에 평화가 찾아왔습니다.

당신도 싸워야 합니다. 가나안 거민을 몰아내야 합니다.

당신도 이스라엘 백성들처럼 하나님이 싸우는 것을 지켜보다 때가 되었을 때 싸우러 나가야 합니다. 그동안 마음의 힘이 아주 강해졌습니다. 하나님은 당신에게 "이제는 네가 직접 나가 싸우라. 내가 함께 하겠다"고 지시하십니다. 당신도 그렇게 해야 합니다.

나도 직접 싸우고 있습니다. 큰 소리를 지르며 하나님과 함께 전장을 누비며 싸우고 있습니다. 여호와 닛시의 깃발을 들고⋯⋯.

핵심을 정확히 짚어 정리하겠습니다. 꼭 기억하십시오.

애굽에 노예로 있을 때, 힘이 없을 때엔 그저 방어만 합니다.

애굽을 빠져나와 광야에 있을 땐 침묵을 지키며 하나님이 싸우시는 것을 봅니다. 그러다 가나안으로 들어갈 땐 시련을 다 이겨내고 강해졌으므로 방어만 하는 시간은 끝났습니다. 공격할 때입니다.

싸움의 대상은 누가 있을까요? 가장 빨리 격파해야 하는 상대는 부정적인 말을 하는 사람입니다. 부정적인 사람이 있으면 어떤 좋은 일이라도 제대로 진행이 안 됩니다.

가장 싸움을 많이 해야 할 때가 부정적인 사람이 있는 모임에 참석할 때입니다. 당신은 긍정적인 사람이 되어 부정적인 사람을 진멸해야 합니다. 부정적인 사람을 깨뜨리고 그 사람의 마인드를 바꿔 놓으면 공동체가 행복해집니다.

부정적인 사람이 있을 땐 모든 일이 안 풀리고 공기가 무겁습니다. 부정적인 말하는 단 한사람 때문에 공동체가 문을 닫을 수도 있습니다. 왜 그렇게 당황하고 겁먹고 휘둘립니까? 더 이상 휘둘리지 말고 강한 마음으로 싸워 쫓아내야 합니다. 이것은 명령입니다.

이스라엘 백성은 애굽에서 구출됐을 때 갖은 불만과 불평을 했습니다. 물이 없다고 불평, 배고프다고 불평, 언제 가나안 땅에 가냐고 불평했습니다. 그렇게 불평한 사람들은 다 죽었습니다. 땅이 둘로 나뉘어 불평한 사람을 삼키기도 하고 불이 나타나 사람들을 사르기도 했습니다. 그들의 육체는 사탄에게 넘어가고 영혼만 구원받아 하나님께로 갔습니다.

이스라엘 백성이 가나안에 도착하여 정탐할 때였습니다.

열 명이 40일 동안 정탐하고 돌아왔습니다. 하지만 그들 중 여덟 명은 부정적인 말을 하며 "우리는 다 가나안 민족들에게 죽임을 당할 것이다. 우리는 그들에게 메뚜기와 같다"고 했습니다.

갈렙과 여호수아만 "가나안 민족은 우리의 밥이다"라고 했고 결국 그 둘만 가나안에 들어가고 모세와 다른 이스라엘 백성은 하루를 1년으로 환산하여 40년간 광야를 헤매는 벌을 받았습니다.

　부정적인 사람이 없으면 모든 일이 잘 풀리고 공기도 상쾌합니다. 당신도 갈렙과 여호수아처럼 긍정적인 말을 해야 합니다. 그렇지 않으면 광야를 계속 맴돌게 됩니다.

　당신은 어떤 경우에도 부정적인 말과 행동을 하지 마십시오. 그리고 부정적인 말과 행동을 하는 사람을 한 번에 몰아서 진멸하십시오. 그럴 때 하나님이 당신에게 더 많은 복을 내려 주십니다.

상처를 티끌처럼 여기고 일어서라

당신은 마음속에 어떤 상처가 있습니까?

모든 사람은 예외 없이 크고 작은 상처가 있습니다.

당신은 그 상처를 티끌처럼 작게 여겨야 합니다. 그리고 하나님을 가장 큰 분으로 여기고 두려워해야 합니다. 여기서 "두려워하라는 것"은 "사모하고 존경하라는 것"입니다.

상처를 태산처럼 크게 여기면 절대 극복해 낼 수 없습니다. 상처를 티끌처럼 작게 여기면 그것을 아주 쉽게 극복할 수 있고 다시 상처 입어도 더욱 굳건히 설 수 있게 됩니다.

"대저 의인은 일곱 번 넘어져도 다시 일어난다"고 했습니다.(잠 24:16) 하나님을 믿는 우리는 그리스도 안에서 의인입니다. 그러므로 모든 좌절과 고통을 딛고 다시 일어설 수 있습니다.

나는 초등학생 때부터 여러 사건을 통해 갖은 상처를 입었습니다. 친구들이 내 이름으로 별명을 지어 놀리는 것도 상처가 되었습니다. 그때는 그 상처가 크게 느껴졌습니다. 하지만 그것을 작게 여김으로 지금의 멋진 내가 있습니다.

지금의 나는 친구들이 나를 어떻게 보든지 신경 쓰지 않습니다.

별명을 가지고 놀리면 가볍게 웃어넘기거나 아니면 크게 화를 내며 다스리기도 합니다. 그러면 간단히 해결됩니다.

친구들이 나를 어떻게 보든지 상관할 필요가 없습니다. 그들은 한 번 첫인상이 정해지면 금방 바뀌지 않았습니다. 어수룩하고 별 거 없어 보였던 내가 학교를 그만두고 책을 쓴다는 것을 알리자 나를 무시하던 그 친구들은 네 주제에 어떻게 책을 쓰냐는 듯이 말했습니다. 하지만 나는 신경 쓰지 않고 꿋꿋이 내 길을 갔습니다.

처음 책이 나왔을 때 주변 사람들이 신기해했습니다. 그렇게 어수룩하고 공부도 못하던 사람이 학교를 그만두고 책을 출간했다는 것에 큰 충격을 받은 것입니다. 놀라고 또 놀랐습니다.

"별종이다. 정말 대단하다. 사람이 어떻게 책을 쓰지? 초등학교 6년, 중학교 3년, 고등학교 3년, 대학교 4년, 16년간 계속 남이 써 놓은 책을 돈 주고 사서 읽기만 해야 되는 줄로 알았는데, 우리와 함께 있던 김추수가 책을 썼대. 작가 선생님이 되었대."

정식으로 고급스럽게 출간된 내 책을 보더니 나를 대하는 태도가 완전히 달라졌습니다. 바뀌지도 않을 마음을 억지로 바꾸겠다고 노력 해봐야 소용없습니다. 그래서 결과물인 책을 직접 출간해서 보여주니 저절로 그들의 태도가 바뀌었습니다. 기분 좋았습니다.

중학생 때 다니던 학원에 책이 나왔다고 홍보하러 갔을 때 학원 아이들이 다들 신기해했습니다. 당연한 것입니다. 작가라는 직업을 처음 직접 본데다 실제로 지인이 책을 출간한 것을 처음 접했기 때문입니다. 당신 주변에 작가라는 직업을 가진 사람이 있다는 것이 신기하지 않습니까? 이 책을 쓴 내가 바로 그 작가입니다.

당신이 나를 만난다면 얼마나 영광스러울까요?

당신도 책을 쓰십시오. 책을 쓰면 전문가로 인정받고 모든 사람에게 작가 선생님으로 존경받습니다. 독자는 작가의 머리털 하나, 단추 하나까지도 열광합니다. 작가는 신적 권위가 있습니다.

왜 책을 쓰면 전문가로 인정받을까요? 책으로 쓸 만큼 할 말이 많다는 것을 책이라는 결과물로 증명했기 때문입니다. 책을 쓰고 강연을 한다는 것은 모든 사람에게 인정받는 최고의 일입니다. 책을 출간하게 되면 한 사람의 이름이 브랜드화 됩니다. 기업만 브랜드가 아닌 개인이 브랜드화 되어 몸값이 마구 뛰게 됩니다.

당신은 상처를 티끌처럼 여기되 우습게 여기지도 말아야 합니다. 그 상처들이 나중에는 크게 벌어져 당신에게 치명적일 수도 있기 때문입니다. 그렇다고 상처를 과장하여 너무 크게 여기지도 말아야 합니다. 능숙하게 그 상처를 다루어야 합니다.

새들의 왕인 독수리 중에 상처 없는 독수리가 어디 있겠습니까?

상처를 작게 여기며 믿음으로 잘 극복하십시오. 그러면 날이 갈수록 당신의 마음이 강해지고 굳세어질 것입니다. 그래야 독보적인 지도자의 길을 걸을 수 있습니다.

마음을 백배나 더 크고 강하게 하라

당신은 마음이 얼마나 강합니까?

마음이 강해야 험한 세상에서 살아남고 크게 성공합니다.

마음이 강한 사람은 어떤 사람일까요? 마음이 강하다는 것은 내면의 힘이 강하다는 것이 아닐까요? 맞습니다.

하지만 나는 조금 다르게 생각합니다. 마음이 강한 사람은 자신이 맡은 일을 책임지고 끝내며 자기 자리에 꿋꿋이 남아 있는 사람입니다. 다시 말해 책임감이 강한 사람을 가리킵니다.

예를 들어 회사에 직원 하나가 있습니다. 그 사람이 어떤 문제에 부딪혀 회사에서 쫓겨나게 생겼습니다. 이때 그 직원은 두 가지 중 하나의 선택을 할 수 있습니다. 회사에 사표 내고 나와 책임을 회피하느냐, 회사에 끝까지 남아 책임지고 문제를 해결하느냐 입니다.

나는 옛날엔 책임감이란 단어를 몰랐습니다. 하고 싶은 일만 하고 하기 싫은 일은 억지로 힘겹게 했습니다. 어떤 일이 있을 때 정말 하고 싶다 생각하면 앞뒤 안 가리고 일단 저질렀습니다.

하지만 지금은 다릅니다. 하고 싶은 일이라도 검토와 고민을 하다가 일을 시작합니다. 하기 싫은 일이라도 감사하며 합니다. 그리고 내게 주어진 일은 끝까지 남아 최선을 다해 끝냅니다. 예전 같았으면 진작 때려치우고 그만둘 일을 지금까지 하는 것도 많습니다.

무슨 일이 있든지 최선을 다하고, 문제가 생겼으면 피하지 않고 그 자리에 남아 문제를 해결하는 사람이야말로 마음이 정말 강한 사람입니다. 당신은 그런 사람이 되어야 합니다.

나는 마음이 강합니다. 정말 하기 싫은 일도 맡겨진 일을 끝까지 완수합니다. 문제가 생기면 그 문제에 대한 답을 알아내기까지 그 자리에 남아 피하지 않고 어떻게든 반드시 해결합니다.

당신도 마음을 강하게 가지십시오. 끝까지 남아 책임감 있는 사람이 되십시오. 그럴 때 사람들은 당신을 존경할 것입니다. 끝까지 남아 문제를 해결하는 사람은 극히 드물기 때문입니다. 대부분 문제가 터졌을 때 사직서를 내면 그것이 책임지는 거라고 착각합니다. 하지만 그것은 문제를 회피하는 것입니다. 당신은 책임을 지고 끝까지 문제를 해결하는 사람이 되십시오.

당신은 연약한 마음을 지니고 있지 않습니까? 그렇다면 강인한 용사의 마음으로 바꿔 나가야 합니다.

마크 트웨인(Mark Twain, 1835~1910)은 이런 말을 했습니다.

"돈이 필요치 않은 것처럼 일하라. 한 번도 상처받은 적이 없는 것처럼 사랑하라. 그리고 아무도 보고 있지 않은 것처럼 춤춰라."

"Work like you don't need the money. love like you've never been hurt, and dance like nobody is watching."

한 친구가 이런 글을 올린 것을 보았습니다.

"아픈데 위로해 주는 사람도 없고 장난만 치네."

나는 그 글을 보고 '사람들의 마음이 나약하구나. 강인한 용사의 마음을 가져야 할 텐데 왜 저렇게 약할까?'라는 생각을 했습니다.

당신은 하나님의 용사로 거듭나야 합니다.

마음이 약하고 힘없는 사람은 '왜 날 좀 안 도와주는 거야? 내가 아픈데 왜 위로해 주는 사람이 없지?'라는 생각을 합니다. 그러나 그런 생각은 하면 안 됩니다. 당신이 혹시 이런 생각을 하고 있다면 당장 생각을 지워야 합니다.

사자는 혼자 삽니다. 무리 지어 살지 않습니다. 사자는 혼자 사냥하고 혼자 밥을 먹고 혼자 잠을 잡니다. 당신은 사자를 본받아야 합니다. 사자처럼 혼자 밥을 먹고 사자처럼 혼자 잠을 자고 사자처럼 혼자 아파 끙끙거리십시오. 위로받고 싶다면 차라리 위로해 달라고 노골적으로 요청하는 게 낫습니다.

'내가 아픈데 위로해 주는 사람 없나?'라고 생각한다면 당신은 크게 잘못 생각하는 것입니다. 나는 항상 '궁상떨지 말자'라는 마음으로 삽니다. 궁상떨면 꼴불견입니다. 그 사람과는 대화조차 하기 싫고 일도 같이 하기 꺼려집니다.

왜 사람들은 궁상을 떨까요? 다른 사람에게 관심 받고 싶어 하기 때문입니다. 사고가 나서 병원에 입원했다 하면 모든 관심이 나에게 집중되어야 한다고 생각합니다. 하지만 절대 그러면 안 됩니다. 아무도 모르게 치료받고 퇴원해야 합니다.

마음이 강한 사람은 자신에게 어떤 불행이나 병, 안 좋은 것이 왔다 해도 아무도 모르게 혼자 앓습니다. 그런 시련이 다 지나간 후, 한참 뒤에 조금씩 이야기를 꺼냅니다.

나도 아픈 적이 많았지만 주위 사람은 내가 아픈 줄 몰랐습니다. 숨기고 혼자 앓기 때문입니다. 아픈 것은 자랑할 것이 아닙니다. 아프다며 "나 아프니까 이렇게 해 달라"고 하면 사이가 틀어지거나 잘 못된 인식이 박히게 됩니다. "저 사람은 아플 때마다 저렇게 궁상떨며 관심 좀 받기 원하는 것 같아"라는 인식이 박히면 나중엔 "저런 사람하고는 더 이상 만나지 말아야 되겠어"라고 말하게 됩니다.

당신은 마음을 강하게 가져야 합니다. 당신에게 병이나 불행이 찾아온다면 당신 속에 거하신 성령님께 도움을 구하십시오. 그러면 불행은 떠나가고 병은 낫습니다.

성령님만이 당신에게 도움을 줄 수 있습니다.

혈통과 육정과 사람의 뜻을 정리하라

당신은 큰일을 할 때 무엇을 따라 움직입니까?

혈통과 육정과 사람의 뜻을 따라 움직이지 않습니까? 그래서 사람들 때문에 쩔쩔 매며 힘들어지지 않습니까? 당장 그런 '혈육사'를 마음에서 정리하십시오. 그리고 성령을 따라 움직이십시오.

아브라함은 하나님께 "갈대아 우르를 떠나 가나안으로 가라"는 명령을 받았습니다. 하나님은 그에게 "혈육사를 버리고 가나안으로 가라"고 명하셨습니다.

하나님은 당신이 혈육사에 매이기를 원치 않으십니다. 왜 그럴까요? 질투하는 하나님이셔서 그럴까요? 어쨌든 하나님은 혈육사와 의논하는 것을 싫어하십니다.

무슨 일을 하건 혈통, 즉 부모와 형제자매와 의논하면 안 됩니다. 의논하게 되면 일이 진행이 안 되며 도중에 중단하게 될 수도 있습니다. 또는 실패로 이어지는 길이 됩니다. 혼자 결정하고 혼자 일을 진행하십시오. 일이 마무리되고 한참 뒤에 이야기하십시오.

육정, 친구와 친척에게도 마찬가지입니다. 친구와 의논한다고 그 친구가 날 도와줄까요? 전혀 그렇지 않습니다. 오히려 방해만 될 뿐이고 옆에서 이간질할 수도 있습니다.

사람의 뜻, 사람의 뜻은 주위의 아는 사람입니다. 그들에게 "어떤 일을 시작하려는데 당신은 어떻게 생각합니까?"라고 물어보면 대부분 결사반대합니다.

일을 할 때 혈육사와 의논하면 절대 그 일이 진행될 수 없습니다. 오직 하나님 한 분과 이야기하며 의논하면 그분이 하나하나 지시해 주십니다. 지시하신 일을 하면 문제가 하나하나 해결됩니다.

당신은 성경책을 한 번 정도 처음부터 끝까지 읽어보십시오. 인생을 살면서 성경책만큼 좋은 지침서는 없습니다. 그리고 예수님을 구주로 영접하고 당신 안에 거하시는 예수님을 믿으십시오.

혈육사에 관한 자세한 이야기는 내가 쓴 첫 책 〈원하는 것을 얻으려면 지금 저질러라〉를 읽어 보시기 바랍니다.

혈육사를 정리하고 하나님 한 분만을 바라보며 인생을 사십시오. 그러면 당신의 앞날이 태양처럼 밝아질 것입니다.

사명감을 가지고 프로 수준으로 일하라

당신은 어떤 일이 주어졌을 때 사명을 다해 일합니까?

나는 모든 일을 힘써 충성된 마음으로 일합니다. 나는 하나님께 책을 쓰라는 막중한 사명을 부여받았습니다.

솔직히 책을 쓰는 것은 내 꿈과 장래 희망과는 약간 먼 것이었습니다. 왜냐하면 나는 원래 꿈이 사업가였기 때문입니다. 하지만 나는 사업을 어떻게 시작하는지 몰랐습니다. 그래서 거실을 뒹굴기만 했습니다. 그러다 아버지께서 공동 저자를 해보겠냐고 권했습니다.

그 당시 마땅히 할 것도 없었고 갑자기 마음에 끌려 게임 좀 하다가 30분 정도 생각한 후에 당연하다는 듯이 한글 문서를 열고 한 시간 정도 자판을 두드리며 책을 썼습니다.

약 30~40페이지 정도 되는 원고를 단숨에 뚝딱 쓴 후 메일을 보내 아버지께 보여드렸습니다. 아버지께서 칭찬하면서 "너에겐 책 쓰는 지혜가 있어. 작가의 길을 가면 어떻겠니?"라고 물으셔서 나는 그대로 받아들였습니다. 나는 지금 작가의 길을 걷고 있습니다.

보통 사람은 한 줄도 쓰기 어려워하는 책을 나는 아주 쉽게 썼습니다. 책을 써 보니 책 쓰는 것은 무척 쉽고 재미있었습니다. 그리고 책을 쓴 것은 그 자체가 순식간에 생긴 위대한 결과물이었습니다. 내가 책을 쓰므로 성공의 결과물을 얻게 된 것입니다.

나는 어릴 적부터 주제가 있으면 그 주제에 따른 '글쓰기'는 잘했습니다. 하지만 '책쓰기'는 어떻게 해야 하는지 몰랐습니다. 그래서 나는 아버지께서 운영하는 '김열방의 책쓰기학교'에 다니게 되었고 12주 과정을 거치고 나니 아주 자유롭게 책을 쓰게 되었습니다.

나는 처음 세 달은 책을 한두 페이지나 한 줄, 한 문장 정도만 쓰다 놀기 바빴습니다. 그러다 몇 주, 몇 달을 책을 쓰지 않게 되고 싫증을 느꼈습니다. 그러던 어느 날 하나님께서 사명감을 가지고 목숨 걸고 일하라는 말씀을 주셨습니다. 다시 마음을 잡고 책을 쓰기 시작했는데 열심히 책을 쓰다가 정신을 차리면 금세 몇 시간이 지나가 있었습니다. 몰입의 기적이었습니다.

당신에게 주어진 사명은 무엇입니까? 회사에 다니는 것? 학교를 다니는 것? 그렇다면 그 일이 끝날 때까지 책임지고 목숨 걸고 몰입하여 일해야 합니다. 그렇지 않으면 세월아 네월아 하게 되고 제자리걸음만 하게 됩니다.

당신이 맡은 일은 끝까지 목숨을 걸고 완수하십시오. 적어도 책임감 있는 사람이 돼야 다른 사람에게 어필할 수 있지 않겠습니까? 하나님은 작은 일에 충성한 자에게 큰일을 맡기겠다고 하셨습니다.

당신은 어떤 사람이 되고 싶습니까? 책임감 있게 일을 처리하는 사람이 되기 바랍니다. 당신에게 일이 맡겨졌으면 어떠한 피해가 오더라도 목숨 걸고 완수해야 합니다. 그렇게 하나씩 완수해 나가면 더 큰일이 굴러 옵니다. 큰일에는 그만큼 큰 문제가 있기 마련입니다. 큰일을 맡을 정도면 그 큰 문제를 해결하는 것은 쉬울 것입니다. 그만큼 의식 수준이 높아졌기 때문입니다.

작은 일을 처리하고 작은 일만 하는 사람은 의식 수준이 낮습니다. 큰 문제를 처리하고 큰일을 하는 사람은 의식 수준이 꽤 높습니다. 작은 일에 충성하면 큰일은 자동으로 따라오기 마련입니다.

당신은 작은 일에 충성하고 또 큰일을 처리해서 큰돈을 버는 사람이 되십시오. 어떤 일을 하든지 사명감을 가지고 그 일에 몰입하십시오. 완전히 몰입하면 단기간에 원하는 결과물을 얻게 됩니다.

입장 바꿔 놓고 생각하고 말하라

당신은 상대방의 입장에서 생각하고 말합니까?

입장을 바꿔 놓고 생각하라는 말을 많이 들어봤을 것입니다. 나도 항상 주위 사람들에게 말하는 것인데 그만큼 중요하기 때문입니다. "역지사지"(易地思之) 곧 상대편과 처지를 바꾸어 생각하라는 말입니다. 이것이 처세술의 기본입니다.

나는 어떤 사소한 거래를 할 때도 상대방이 무엇을 원하는지, 무엇에 관심 있는지 세심히 봅니다. 왜 쓸데없는 곳에 힘을 쓰냐고 물을 수도 있습니다. 예화를 하나 이야기하겠습니다. 내가 직접 겪었던 일입니다.

내가 학원에서 초콜릿 노점상을 할 때였습니다. 그땐 세 번 정도 경험이 있었기에 자신감이 넘쳤습니다. 초콜릿을 팔던 날이었습니다. 조를 이뤄 나를 포함해 세 명이 같이 나가 팔았습니다. 그런데 그날 유독 손님이 없었습니다. 두 시간을 서서 초콜릿을 사라고 외쳤지만 손님은 한두 명 정도만 왔습니다. 그래서 그날은 몇 개 팔지 못하고 허탈한 심정으로 돌아와야 했습니다.

저녁에 잠자기 전, 왜 손님이 안 왔나 생각해봤습니다. 그날은 유독 추웠고 또 내가 장사한 곳이 사람이 별로 없는 곳인 것 같았습니다. 그래서 사람이 많은 곳으로 옮겼지만 그래도 소득이 없었습니다. 팔던 중 갑자기 생각난 것이 무작정 사라고 외치니까 손님이 안 오는 것 같아 멘트를 살짝 바꿔 외쳤습니다.

"초콜릿 팝니다. 맛있고 좋은 재료를 넣은 초콜릿입니다. 기회는 지금밖에 없습니다. 후회하기 전에 사 가세요."

"비싼 초콜릿은 재료가 좋고 가치가 높기에 비싼 것입니다. 싼 초콜릿을 사 먹어서 자신의 가치를 싼 초콜릿에 맞추지 말고 비싼 초콜릿을 사 먹어서 자신의 가치를 높이고 행복을 누리세요."

그날 초콜릿은 많이 팔렸습니다. 싼 초콜릿보다 비싼 초콜릿이 더 잘 팔렸습니다. 그날 깨달음을 얻었습니다.

"사람들에게 가치를 홍보하니 효과가 있구나. 사람은 가치를 알면 아무리 비싸도 돈 주고 사는구나. 희소가치의 법칙에 따라 싸고 많은 것보다 적지만 비싸고 질 좋은 것이 낫구나."

나는 책도 독자의 위치에서 씁니다. 독자가 읽을 때 너무 어려운 말은 빼고 쉬운 말만 사용해 초등학생이 읽어도 이해가 되게끔 씁니다. 그리고 가치 있는 내용을 담아 책을 냅니다.

사람들은 책에 대해 잘 모르면서 "책은 지식이 많은 사람만 쓸 수 있는 거야 아무나 못써"라는 편견을 가지고 있습니다. 그러면 나는 "나 같은 사람이 어떻게 책을 썼으며 전 세계에 있는 다른 어린 작가들은 어떻게 책을 썼겠느냐?"고 되묻고 싶습니다.

화이트칼라의 시대는 지났습니다. 지금은 골드칼라의 시대입니다. 화이트칼라 땐 하얀 양복을 입고 회사에서 펜대를 굴리며 일하는 것이 최고의 직업이라고 생각했지만 지금은 다릅니다. 남이 시키는 서류 작성 등의 일이 아닌 자신의 머리를 굴려 꺼낸 아이디어를 통해 큰돈을 벌어야 합니다.

육체의 노동보다 정신적인 노동이 더 어렵습니다. 몸의 땀을 흘리는 것은 쉽습니다. 하지만 두뇌에 땀을 흘리는 것은 어렵습니다. 사람들은 생각하는 것을 싫어합니다. 머리가 아픕니다. 생각이 꼬이고 꼬여 결국 포기하게 됩니다.

책 쓰는 것도 마찬가지입니다. 내 인생을 돌아보고 그 속에 깨달음을 끄집어내야 하는데 다들 생각하는 것이 싫어 책쓰기를 어려워합니다. 그렇기에 작가라는 직업은 그만큼 쉽게 인정받을 수 있는 최고의 지름길입니다.

책 쓰는 것은 다섯 살짜리 꼬마도 쓸 수 있고 꼬부랑 할머니 할아버지도 할 수 있습니다. 나이와 학벌, 신분이 중요하지 않습니다.

요즘 책들은 너무 현란합니다. 어려운 말이나 전문 분야의 지식들을 사용해서 독자들이 읽기 힘든 책을 씁니다. 그리고는 장수를 가격으로 한 장에 적게는 30원, 많게는 50원까지 받습니다. 그래서 책의 가치가 밑바닥을 헤매고 있습니다.

책을 써 보지 않은 사람이나 의사 전달의 원리에 대해 잘 모르는 사람은 말을 간결하고 쉽게 하는 것이 얼마나 어려운지 모릅니다. 한 문장이나 한 단어를 가지고 몇 시간씩 씨름하면서 수정할 때도 있습니다. 가치 증가를 위해 내용을 빼기도 하고 더하기도 해야 합니다. 한 문장 때문에 내용 전체가 죽거나 살기 때문입니다.

책에 저자의 삶의 내용과 깨달음을 담으면 그 가격은 저자 마음대로 정할 수 있습니다. 지금까지 제일 비싼 것을 본 것은 한 권에 200만 원대의 책입니다.

입장 바꿔 생각해보십시오. 가치를 떨어뜨리고 가격을 낮춰 몇 푼 밖에 벌지 못할 것인지, 아니면 가치를 높이고 가격을 높여 많은 돈을 벌 것인지 잘 생각하고 결정해야 합니다.

가치를 높이고 그 가치로 가격을 매긴다면 돈 버는 것은 정말 쉽습니다. 당신은 생각을 뒤집어야 합니다. 밑바닥 인생을 바꿔서 최고의 인생을 사십시오.

사람의 마음을 얻는 처세술을 익히라

당신은 당신과 마음을 나누는 사람이 몇 명 있습니까?

당신이 진정으로 신뢰하고 어떤 일이든지 믿고 맡길 수 있는 사람이 있습니까? 나는 내가 신뢰받는 사람으로 살고 있습니다.

이 세상 모든 사람은 인정받고 싶어 합니다. 아무리 흉악한 죄인이라도 칭찬을 듣고 싶어 합니다. 왜 그토록 칭찬에 갈망할까요?

기본적으로 칭찬을 들으면 기분이 좋고 또 어떤 일을 하면서 칭찬 받으면 일에 대한 용기가 나고 즐거움을 느끼기 때문입니다.

하루는 학원에 모임이 있어 참석했습니다. 함께 모여 앉아 한 사람씩 장점과 단점을 이야기해 주는 프로그램이었습니다. 서로 단점을 이야기할 때는 풀이 죽어 있다가 장점을 이야기하면서 칭찬할 때는 기분 좋아하는 것을 봤습니다. 그때 나는 깨달았습니다.

'아. 칭찬과 격려를 해주면 사람은 기분이 좋아지는구나.'

나는 원래 칭찬에 인색한 사람이었습니다. 낯을 많이 가려서 처음 만나거나 잘 모르는 사람에 대해 어색해 합니다. 하지만 지금은 다른 사람에게 칭찬하는 것을 자주, 그리고 많이 합니다. 없으면 최대한 찾아서 칭찬해 줍니다.

대신 비난은 절대 하지 않습니다. 왜냐고요? 누군가 당신을 헐뜯고 비난한다면 당신의 기분이 어떻겠습니까? 아무리 비난받을 일을 했다 하더라도 함부로 비난하면 안 됩니다. 차라리 비난하지 말고 꾸중하고 화내십시오.

비난은 상대방을 일방적으로 욕하고 헐뜯는 것입니다. 그 사람이 잘못된 짓을 했다면 그 자리에서 화내며 바로잡아 주는 것이 그 사람에게 도움이 될 것입니다. 당신이 그 사람을 사랑하고 잘못된 길로 가기 원하지 않는다면 화낼 줄도 알아야 합니다.

당신은 주위 사람을 대할 때 사랑하는 마음으로 대합니까?

성경에 사랑에 대해 나와 있습니다.

"사랑은 오래 참고 사랑은 온유하며 시기하지 아니하며 사랑은 자랑하지 아니하며 교만하지 아니하며 무례히 행하지 아니하며 자기의 유익을 구하지 아니하며 성내지 아니하며 악한 것을 생각하지 아니하며 불의를 기뻐하지 아니하며 진리와 함께 기뻐하고 모든 것을 참으며 모든 것을 믿으며 모든 것을 바라며 모든 것을 견디느니라."(고전 13:4~7)

사랑에는 세 가지 대상이 있습니다.

첫 번째 사랑의 대상은 하나님입니다. 두 번째 사랑의 대상은 나 자신입니다. 세 번째 사랑의 대상은 부모님과 가족, 친척, 친구들입니다. "네 이웃을 네 몸과 같이 사랑하라"고 했기 때문입니다.

그 아래는 돈이 될 수 있고 어떤 물건이 될 수도 있습니다.

여기서 여러 가지 깨달음을 당신과 나누고자 합니다.

첫째, 사랑은 오래 참습니다.

참고 또 참아야 합니다. 사람들이 당신에게 어떠한 비난을 퍼붓더라도 당신은 참을 수 있는 능력이 있습니다. 하나님께선 참는 하나님이십니다. 사랑의 하나님은 죄를 짓는 일까지도 참으십니다. 참고 또 참으며 죄를 돌이키고 회개하기 원하십니다. 그리고 다시는 죄를 반복하지 않기 원하십니다. 당신도 참으십시오.

둘째, 사랑은 온유합니다.

온유의 사전적 의미론 '부드럽고 따뜻한 마음'을 가리키고 있습니다. 맞습니다. 하지만 나는 좀 다른 시선으로 접근했습니다.

나는 모든 사람을 품을 순 있지만 나의 영역 밖에 있는 사람까지 책임지지 않습니다. 목자의 마음가짐과 같다고 볼 수 있습니다. 겉으로는 부드럽고 따뜻해 보여도 그 속의 깊은 마음을 봐야 합니다. 부드러워 보이는 사람이 때론 매우 차갑게 대할 수 있습니다.

셋째, 사랑은 시기하지 않습니다.

대부분은 다른 사람을 시기하고 질투합니다. 왜 다른 사람을 질투할까요? 자신보다 더 잘나가기 때문입니다. 사람은 내가 중심이고 나를 중심으로 세상만사가 돌아가야 한다고 생각합니다. 그렇기에 나보다 더 잘되는 사람이 보이면 그 사람을 시기하고 질투하며 배 아파하는 것입니다. 하지만 시기하고 질투한다고 내 삶이 더 풍요로워지는 것은 아닙니다. 그렇기에 당신은 그들을 시기하고 질투하기보다 축하하고 칭찬하고 격려해야 합니다.

넷째, 사랑은 자랑하지 않습니다.

자랑하면 다른 사람이 시기하고 질투할 수 있는 발판을 마련해주는 것과 같습니다. 다른 사람에게 비난 받을 만한 제 1순위는 자랑하고 다니는 것입니다. 적당히 자랑하고 끝낼 일을 온 동네방네 떠들고 다니는 사람은 어리석은 사람입니다.

다섯째, 사랑은 교만하지 않습니다.

당신은 교만해져선 안 됩니다. 교만한 사람을 만나더라도 비난은 하지 마십시오. 잘못된 행동을 했을 때 더 좋은 행동을 하게끔 이끌어 주십시오. 항상 겸손하십시오.

여섯째, 사랑은 무례하지 않습니다.

하루는 교회 중고등부에 새로운 친구가 왔습니다. 그 친구는 부모님을 따라 억지로 와서 오전 예배에 참석하고 부모님의 말에 억지로 중고등부를 나온 것이었습니다.

중고등부를 담당하는 전도사님이 눈을 마주쳐 달라고 하고 이름과 나이를 물었습니다. 그런데 그 친구는 들은 체 만 체하며 무시했습니다. 그래서 전도사님이 화를 내며 "방금 너의 자세는 굉장히 무례한 것이다. 자세를 바로 하고 내 말에 대답해라"고 하자 그제야 예의를 지켰습니다.

전도사님은 사랑으로 그 친구를 품었습니다. 존중하며 그 친구에게 이름과 나이를 물었지만 그 친구는 예의를 표하지 않으며 무례하게 굴었습니다. 그렇기에 전도사님이 화를 낸 것입니다.

당신도 당신이 사랑하는 사람에게 무례히 행하지 마십시오. 그렇다고 사랑하지 않는 사람에게 무례히 하라는 말은 아닙니다. 모든 사람에게 무례하지 않되 사랑하는 사람에게는 더 신경 쓰십시오.

예수님이 전한 말씀 중 "남에게 대접받고 싶은 만큼 남을 대접하라"는 구절이 있습니다. 무례히 대접하면 무례히 대접받을 것이고 공손히 대접하면 공손히 대접받습니다.

그리고 사랑하는 사람이 잘못된 일을 한다거나 무례히 행하는 일이 있을 땐 그에게 화를 내야 합니다. 그렇지 않으면 '이 사람에게는 이렇게 행동해도 되는 구나'라는 인식이 박힐 것입니다.

일곱째, 사랑은 자기 유익을 구하지 않습니다.

먼저 하나님을 경외하고 사랑하십시오. 그리고 나 자신과 가족을 사랑하고 그다음 이웃을 사랑하십시오.

이 세상은 혼자 살아가기엔 너무 큽니다. 당신 주위의 이웃을 둘러보십시오. 주위 사람과 함께 성장해 나가는 것입니다. 나는 성장하고 있는데 주위는 쇠퇴한다면 당신은 그 이웃을 도와줘야 합니다. 성장하는 방법을 알려주고 성장하도록 적극 지원하십시오.

여덟째, 사랑은 성내지 않습니다.

일방적으로 화풀이하지 말라는 것입니다. 참고 참다가 계속 잘못된 것을 한다면 바로잡기 위해 화내는 것은 괜찮습니다.

아홉째, 사랑은 악한 것을 생각하지 않습니다.

이웃을 사랑하십시오. 악한 생각은 하지 말고 어떻게 하면 다같이 성장할까를 생각해보십시오. 그리고 함께 성장해 나가면서 서로가 서로를 보살피십시오.

열째, 사랑은 불의를 기뻐하지 않습니다.

내가 가장 강조하고 싶은 것입니다. 어떤 사람이든지 잘못된 일을 한다면 참고 기다리다 한 번에 크게 터트리십시오. 꾸중하고 그 사람을 돌이켜 바른 길로 가게 해야 합니다. 그래야 바뀝니다.

열한째, 사랑은 진리와 함께 기뻐합니다.

하나님은 당신을 사랑하십니다. 하나님은 진리이며 전지전능하십니다. 진리이신 하나님을 사랑하며 기뻐하십시오.

열둘째, 사랑은 모든 것을 믿으며 모든 것을 참습니다.

당신이 사랑하는 사람이 잘못된 길을 가도록 내버려두지 마십시오. 거듭 강조합니다. 참고 또 참고, 믿고 또 믿다가 도저히 안 되겠다 싶을 때 화내고 잘못된 것을 꾸중하십시오.

하지만 감정적으로 대해선 안 됩니다. 올바른 길로 가도록 하는 것이 목적이지, 화내고 꾸중해서 마음에 상처를 남기고 감정을 상하게 하는 것이 목적이 아닙니다.

열셋째, 사랑은 모든 것을 바라며 모든 것을 견딥니다.

하나님께 당신을 맡기고 하나님의 말씀을 바랄 때 당신은 모든 재앙을 견딜 수 있는 힘을 얻게 됩니다. 그 힘으로 모든 역경을 헤쳐 나가십시오. 하나님께서 당신을 사랑하십니다.

사랑으로 모든 일을 행할 때 당신은 책임감 있는 사람이 됩니다. 사랑으로 작은 일에 힘써 일하십시오. 그러면 큰일은 알아서 굴러오게 됩니다. 또 사랑으로 주위 사람들을 돌보십시오.

사랑으로 모든 일을 할 때 축복이 옵니다.

돈보다 귀한 당신의 시간을 빼앗기지 말라

당신은 시간을 얼마나 잘 활용하고 있습니까?

성경에 이런 말씀이 있습니다.

"그는 시냇가에 심은 나무가 철을 따라 열매를 맺으며 그 잎사귀가 마르지 아니함 같으니 그가 하는 모든 일이 다 형통하리로다." (시 1:3)

사람들은 시간을 물 흐르듯 쓰고 있습니다. 그것이 돈 일줄 상상조차 하지 않습니다. 나 또한 예전에 시간을 물 흐르듯 썼습니다.

나는 하루 종일 뒹굴 때도 있었습니다. 또 하루 종일 게임만 할 때도 있었습니다. 그렇게 시간을 마구 썼습니다. 처음엔 학교를 가지 않으니 시간이 남아 뭘 해야 할지 몰랐습니다.

하루는 '이렇게 평생 놀기만 하다가 돈도 못 벌고 가난한 백수로 살겠다'고 생각되었습니다. 그래서 지금은 책을 꾸준히 쓰려고 노력하고 있습니다. 노골적으로 지금 이대로 가다간 식충이가 되겠다는 생각이 들었던 것입니다.

나는 시간을 버리는 일을 최대한 하지 않으려고 노력합니다. 시간을 아껴서 꼭 필요한 곳에 씁니다. 꼭 필요한 만남을 가지고 시간을 돈과 연결시켜 시간을 아깝게 버리는 일이 없게 합니다.

당신도 시간을 아끼고 잘 활용하십시오. 그리고 돈과 연결시키십시오. 그러면 시간도 돈도 많아집니다. 그러면 여유로운 삶을 살 수 있습니다.

자존감이 높아야 카리스마가 생긴다

사람들은 사소한 것에 감동을 잘 받습니다. 왜 그럴까요?

혹시 당신은 주변 사람이 주는 작은 선물, 작은 칭찬, 작은 격려에 감동받지 않습니까? 작은 칭찬, 작은 격려에 마음을 열수밖에 없는 것은 자존감이 낮기 때문입니다.

나도 자존감이 낮았을 때 작은 격려, 작은 칭찬에 쉽게 마음을 열어 줬었습니다. 그래서 많은 상처가 생기기도 했습니다. 또 남들에게 많은 상처를 주기도 했습니다.

지금 나는 아주 자존감이 높습니다. 누가 아무리 칭찬하고 격려해도 눈 하나 깜박하지 않습니다.

이젠 누가 뭐라 해도 내 결심을 굽히지 않습니다. 자존감이 낮을 땐 쥐 죽은 듯이 있었고 내 의사를 잘 표현하지 못했습니다. 하지만 지금은 다릅니다.

작은 칭찬에 수줍어하고 작은 격려에 마음을 열어 눈물을 보이곤 했던 내가 크신 하나님을 의지하면서 의식 수준도 높아지고 성격도 많이 바뀌었습니다.

당신은 어떻습니까? 의식 수준이 낮으면 작은 일에 쉽게 마음을 열수밖에 없습니다. 작은 일에 매이지 마십시오. 의식 수준을 높게 잡으십시오. 작은 칭찬과 격려에 마음을 열지 마십시오.

자존감을 높이려면 먼저 크신 하나님을 바라봐야 합니다. 그리고 의식 수준을 높이기 위해 자기 계발에 투자해야 합니다. 혼자 생각하는 시간을 많이 가지십시오. 크신 하나님을 바라보고 그분께 도움을 구하십시오. 그러면 큰일도 식은 죽 먹기입니다. 성령님께선 모든 일의 해답을 알고 계십니다.

당신은 지혜를 구해야 합니다. 성경 잠언서엔 어떤 값을 치르더라도 지혜를 얻으라고 합니다. 지혜는 세상 모두를 얻는 것보다 더 귀한 것입니다. 지혜는 제일이며 루비보다 더 귀합니다.

사람들은 사소한 것을 신경 써 주기 바랍니다. 사소한 것 하나하나 신경 써 주면 금방 마음을 열어 주고 당신을 신뢰합니다.

이름을 잊지 않고 불러 주며 필요한 것이 무엇인지 재빨리 알아채고 처리해 주면 그 사람은 당신에게 마음을 열어 줍니다. 그리고 호감이 쌓이게 되면 그 사람은 당신을 목숨이라도 내놓을 만큼 크게 신뢰합니다.

상처를 주지 않으면서 적당히 화를 내며 잘못된 것을 고쳐 주는 것도 지혜입니다. 그 사람이 잘못된 길을 간다고 무작정 소리 지르며 잘못됐다고 다그치는 것은 상처만 남길 뿐입니다.

인생에서 한두 번 정도 큰 소리로 화낼 일이 있겠지만 경우에 따라 다릅니다. 달래야 할 때도 있습니다. 올바른 길을 제시하며 이끌어 가야 할 때도 있습니다. 화내며 다그쳐야 할 때도 있고 설득해야 할 때도 있습니다. 혹시 당신 주변에 잘못된 길을 가는 사람이 있다면 상황에 맞춰 적당한 지혜를 발휘하십시오.

지혜를 얻는 방법에는 어떤 것이 있을까요? 가장 쉽고 빠른 것은 하나님을 경외하는 것입니다. 하나님의 아들 예수님의 존재를 믿고 입으로 시인하며 영접할 때 당신에게 성령님의 지혜, 곧 천재적인 기름 부음이 가득히 임하게 됩니다.

세상에서 가장 지혜가 있다는 솔로몬도 하나님께 지혜를 구했습니다. 그런데 그 하나님이 내 안에 계신다는 것이 얼마나 귀한 것인지 그 가치를 깨달아야 합니다. 당신 안에 계신 하나님께서 솔로몬보다 더 크신 천재 예수님의 지혜를 당신에게 부어 주고 있습니다.

한 번 따라 해 보십시오.

"나는 하나님을 믿습니다. 나는 하나님을 영접합니다. 내 속에 있던 죄, 목마름, 병, 가난, 어리석음을 예수님이 십자가에서 다 가져가셨습니다. 대신 의, 성령 충만, 건강, 부요, 지혜를 주셨습니다. 내안에 예수님의 지혜와 성령님의 기름 부음과 하나님의 부요가 가득히 있습니다. 감사합니다."

하나님을 믿을 수 없다는 생각이 들면 따라 할 수 없습니다. 하나님을 영접하겠다고 마음을 굳힐 때 비로소 따라 할 수 있게 됩니다. 하나님을 믿지 않겠다는 마음을 가지면 하나님을 입으로 시인할 수 없습니다. 말의 힘은 그만큼 무서운 것입니다.

하나님은 천지를 창조하실 때도 오직 말로 창조하셨습니다. 우리는 하나님의 형상을 닮은 존재로 말의 힘이 엄청납니다.

믿음은 들음에서 나고 말을 함으로 그 믿음이 커지는 것입니다. 당신이 하나님을 인정하는 말을 입으로 시인하고 믿을 때 당신 속에 성부, 성자, 성령의 삼위일체 하나님이 거하십니다.

　예수님은 골고다 언덕에서 당신의 옛사람이 지은 모든 죄를 대신 가져가셨습니다. 그리고 3일 뒤 죄와 목마름과 병과 가난과 어리석음이 없는 새사람인 당신과 함께 살아났습니다. 당신은 예수님 속에서 한 번 죽었다 살아난 몸입니다. 그러므로 당신은 의인이며 성령 충만하며 건강하며 부요하며 지혜로운 사람입니다.

귀공자처럼 멋지게 살며 최대한 누려라

당신은 무엇에 매여 고생하고 있습니까?

현재 기독교에선 율법주의와 복음이 싸우고 있습니다. 둘 다 하나님을 믿는 기독교지만 율법주의는 성령에서 미끄러진 것입니다.

율법주의는 여러 가지 굴레를 씌우고 "기도 10시간 하지 않으면 성령이 안 온다"라든지 "성령을 받기 위해 밤낮 울고 철야하며 기도해야 한다"라며 형식과 틀에 짜인 프로그램을 강제로 시킵니다.

율법주의는 우리 안에 아기 성령이 있다고 하며 기도를 많이 하고 도를 닦고 고행을 함으로 그 아기가 자라 성인이 되어 성령의 역사가 나타나는 것이라고 가르치고 있습니다. 거짓말입니다.

어떤 곳에선 성령이 물로 표현되어 사람마다 구원받을 때 한 방울씩만 주어지고 기도 많이 하고 도 닦음과 고행을 함으로 그 성령의 물이 한 컵, 한 양동이와 같이 점점 불어나는 것으로 말하기도 합니다. 하지만 그것은 모두 사람의 정한 기준이며 하나님은 하지 말라고 했습니다. 율법주의에 빠져 있으면 당장 나오십시오.

처음 율법은 모세가 하나님께 받은 십계명이었습니다. 십계명은 하나님께서 "다른 것은 몰라도 왕족으로 살며 이것만큼은 기본적으로 꼭 지켜야 건강하고 행복한 삶을 살 수 있다"고 주신 것입니다. 그것을 사람들이 잘못 해석하고 잘못 전하여 "십계명을 지키지 않으면 구원을 받지 못한다'고 했습니다. 본질을 놓친 것입니다.

하나님께서 이스라엘 사람들이 '왕족답게 살기 위해 꼭 지켜야 할 법'으로 정해 주신 것이 십계명입니다. 십계명은 구원 받기 위해 주신 계명이 아닙니다.

이 세상에 완벽한 사람은 없습니다. 하나님께서 이미 예수님의 피로 우리의 죄를 다 씻어 내렸기 때문에 우리가 그 사실을 믿음으로 의인이 된 것입니다. 당신은 예수님을 영접함으로 죄 없는 하나님의 자녀로 다시 태어났습니다.

지금까지 하나님을 믿지 않다가 이 책을 통해 믿게 되었습니다. 그러면 당신은 과거의 죄가 다 없어졌습니다. 지금부터 죄를 짓지 않으면 됩니다. 하나님을 믿는 사람들은 지은 죄를 회개하고 돌이켜 두 번 다시 같은 죄를 반복하지 말아야 합니다.

복음은 하나님을 믿음으로 성령이 역사하고, 성령님을 의지할 때 능력이 일어난다는 것입니다. 우리는 모두 성령 충만하기 때문에, 겨자씨 만한 아주 조그마한 믿음으로도 무엇이든 구하면 이루어집니다. 결코 도를 닦고 고행해서 성령을 키우는 것이 아닙니다.

혹자는 "예수님도 40일 금식 기도를 하고 겟세마네 동산에서 한 시간 기도를 했다"고 말하기도 합니다. 맞습니다. 예수님도 40일 금식 기도를 하셨고 겟세마네 동산에서 한 시간을 기도하셨습니다. 그런데 중요한 것은 예수님이 우리를 위해 대신 40일 금식 기도를 하셨다는 것입니다. 예수님은 율법의 마침이 되십니다. (롬 10:4)

예수님은 대속 양으로 오셨습니다. 우리를 대신해 죄 없는 예수님이 죄를 뒤집어쓰고 십자가에 매달려 피와 땀과 눈물을 쏟으며 죽으셨습니다. 그리고 우리 대신 십자가에 못 박혀 죄, 목마름, 병, 가난, 어리석음을 다 가져가셨습니다. 우리 안에 의와 성령 충만과 건강과 부요와 지혜가 가득히 들어 있습니다.

하나님의 자녀로서 당당하게 사십시오. 하나님을 믿음으로 의인이 되었습니다. 믿음으로 성령 충만하고 건강합니다. 믿음으로 대부호의 삶을 살고 지혜가 가득한 천재적인 사람이 되었습니다.

열 받고 미치도록 사모해서 성공하라

당신은 열 받은 적이 있습니까?

주변에 당신을 열 받게 하는 사람이 있습니까?

나는 항상 주변에 열 받게 만드는 사람이 많았습니다. 반 친구 중 공부 잘하는 아이, 운동 잘하는 아이, 그림 잘 그리는 아이 등 여러 분야에서 한 가지 탁월한 재능을 보이는 아이들이 있었습니다. 나는 그 때문에 열 받았습니다. 하지만 시기와 질투는 하지 않았습니다. 그들이 가진 재능을 존중했고 나도 저들처럼 잘했으면 하는 마음으로 사모했습니다.

운동을 잘하는 아이를 보고 열 받아서 '나도 저 아이처럼 운동을 잘 하고 싶어'라고 생각하고 하나님께 "저도 저 아이처럼 운동을 잘 하게 해주세요"라고 구했습니다. 그러자 처음엔 바뀐 것이 없었습니다. 그런데 자고 깨고, 자고 깨고 하는 중에 홀연히 운동을 잘 하게 되었습니다. 기도한 것이 이루어진 것이었습니다.

또 하루는 헬스 광고 잡지에서 사진 한 장을 봤습니다. 남자 모델이 상의를 벗은 채 찍은 사진이었습니다. 그 사진을 보고 나는 열 받았습니다. 하나님께 "나도 이 사진처럼 몸짱이 되고 싶어요"라고 구했습니다. 하루 지나고 이틀이 지나도 바뀌지 않았습니다. 그전엔 뚱뚱하고 둔해 보였습니다. 그런데 자고 깨고 하는 중에 몇 년이 지나고 보니 몸매도 날씬해지고 배에 왕(王)자도 생겼습니다.

당신은 어떤 것을 구했을 때 자고 깨야 합니다. 자고 깬 후 다시 자는 것입니다. 그러면 일은 언제 합니까?

일은 안 합니다. 일은 즐겁게 합니다. 즐거움으로 하는 것은 일이 아니라 놀이입니다. 일을 놀이처럼 재미있게 합니다. 그렇게 세월을 보내면 내가 구한 것이 하나하나 이루어집니다.

하루는 고등학교에서 수학 시간이었습니다. 친구들과 잡담을 하던 중 선생님이 자신의 삶을 이야기하셨습니다. 선생님의 고생한 이야기를 듣던 나는 나중에 돈을 많이 벌고 유명해질 거라고 했습니다. 선생님이 요즘 세상엔 돈 벌기가 힘들다고 하셨습니다.

나는 억만장자가 되고 땅과 빌딩을 많이 살 것이라고 했습니다. 그러자 선생님은 콧방귀를 뀌면서 "어디 한 번 얼마나 성공하는지 두고 보자. 지금 이런 세상에 어떻게 성공하겠다는 거야?"라며 비웃었습니다. 나는 순간 화났지만 아랑곳하지 않고 "그럼 나중에 성공하고 돌아올 테니 선생님은 평생 상자 안에 갇혀 제자리걸음만 하세요. 나는 크게 성공할 거예요"라고 대답했습니다. 또 하루는 국어 시간에 선생님이 멍하게 있는 내게 대뜸 물었습니다.

"너는 커서 뭐가 될래?"

나는 깜짝 놀라며 얼떨 결에 이렇게 대답했습니다.

"저는 세계적인 사업가가 되고 크게 성공할 거예요."

그러자 선생님이 "지금 이렇게 집중도 못하고 멍하게 있는데 어떻게 사업가가 될래? 공부를 잘해야 좋은 사업가가 되는 거야. 너 같이 공부도 못하는 애가 어떻게 세계적인 사업가가 된다는 거야?" 라고 질책하셨습니다.

나는 순간 화가 났습니다. 하지만 마음을 추스르고 "그럼 제가 성공하고 오면 어쩌실래요?"라고 물었습니다.

선생님은 "성공하고나 와 봐라"라며 비웃었습니다.

나는 두 선생님의 말을 귀담아듣지 않았습니다. 가끔 생각이 날 때가 있습니다. 생각이 나면 도전을 받고 성질나서 일을 더 열심히 했습니다. 나는 지금 책을 쓰고 있지만 그분들은 교과서만 달달 외워서 학생들에게 앵무새처럼 똑같은 말만 반복하고 있습니다. 나는 지금 성공했지만 그분들은 학교라는 틀에 갇혀 제자리에서 맴돌고 있습니다.

성경엔 한나 이야기가 나옵니다. 한나는 엘가나라 하는 사람의 아내입니다. 엘가나는 두 아내가 있었습니다. 그중 한 사람이 한나였고 다른 한 사람이 브닌나입니다. 한나는 남편에게 사랑을 받고 지냈지만 아이를 낳지 못했습니다. 브닌나는 한나에 비해 남편의 사랑을 못 받았지만 아이가 있었습니다.

브닌나는 한나를 많이 괴롭혔습니다. 한나는 힘들어했고 밥도 못 먹을 만큼 심해졌습니다. 그러다 하나님께 통곡하며 기도했습니다.

"서원하여 이르되 만군의 여호와여 만일 주의 여종의 고통을 돌보시고 나를 기억하사 주의 여종을 잊지 아니하시고 주의 여종에게 아들을 주시면 내가 그의 평생에 그를 여호와께 드리고 삭도를 그의 머리에 대지 아니하겠나이다."(삼상 1:11)

엘리 제사장이 그것을 보았습니다. 한나가 술에 취한 줄 알고 술을 끊으라고 했습니다. 한나는 아니라며 하나님께 기도한 것이라 했습니다. 엘리는 한나에게 아기가 생기도록 축복했습니다.

한나는 브닌나 때문에 많이 힘들어 했습니다. 그러다 열 받아서 하나님께 아이를 달라고 기도했습니다. 응답받았다고 믿음으로 돌아가 밥도 먹기 시작했고 자고 깨고 하며 낙천가의 마음으로 살아갔습니다. 그러다 하루는 남편과 동침했고 하나님께서 한나를 생각하여 임신하게 하셨습니다. 기도한 것이 이루어진 것입니다.

당신은 열 받아야 합니다. "열 받는다"는 것은 "가슴에 불이 붙을 정도로 뜨겁게 사모한다"는 말입니다. 단순히 시기하고 질투한다는 말이 아닙니다. 일방적인 시기와 질투는 멸망을 불러옵니다.

당신이 원하는 것이 있습니다. 그런데 다른 사람이 그 원하는 것을 가지고 있습니다. 그럴 때 당신은 시기하고 질투하여 그 사람이 가진 것을 잃게 하거나 빼앗는다면 나중엔 멸망하게 됩니다.

하지만 반대로 그 사람에게 칭찬과 축복을 하되 열 받고 사모해서 "나도 원하는 것을 주세요"라고 하나님께 한 번 기도하면 하나님께서 이루어 주십니다. 당장에 이루어질 수도 있겠지만 많은 경우는 여유를 가지고 기다려야 합니다.

당신은 기도하고 구한 것은 받았다고 믿으십시오. 그리고 낙천적으로 기다릴 줄 알아야 합니다. 기다리지 않고 투정만한다면 어떻게 기도한 것이 이루어지겠습니까?

당신이 열 받아서 원하는 것을 구했으면 그것보다 더 좋은 것을 받을 것이라고 기대하십시오. 책을 쓴다면 다른 사람보다 더 잘 써내십시오. 물건을 만들어 판다고 하면 다른 곳보다 더 잘 만들어 높은 가격에 파십시오. 성공의 비결은 이처럼 간단합니다.

주변에 성공한 사람이 있다면 열 받아서 그 사람보다 더 크게 성공하면 됩니다. 열 받아서 빌 게이츠보다 더 많은 돈을 벌고, 열 받아서 한 분야의 최고 권위자가 되십시오. 열 받아서 그것을 사모하는 마음으로 다른 사람이 가진 재능을 구하십시오. 하나님께선 기꺼이 응답해 주십니다.

열 받고 사모해서 원하는 것을 얻으십시오. 그냥 얻지 말고 원하는 것보다 백배 좋은 것을 얻으십시오.

돈과 연관된 일을 계획하고 시도하라

당신은 뭔가를 할 때 그것을 돈과 연관시킵니까?

나는 어떤 일을 하든지 어떻게든 돈과 연관시킵니다.

돈과 연관된 일을 하면 돈이 자동으로 들어옵니다. 인터넷 게임도 어떤 게임이냐에 따라 돈을 벌 수 있습니다. 장사를 하는 것은 가장 단순한 돈벌이입니다. 그러다 나중엔 땅과 빌딩을 사고파는 일이 벌어집니다.

나는 개인적으로 인터넷 게임이 나쁘다는 생각을 안 합니다. 게임에 빠져서 아무것도 안 하는 것은 안 되지만 게임을 하면서 스트레스도 풀고 돈도 벌면 좋습니다.

사람들은 거래를 할 때 무조건 자신의 입장을 늘어놓습니다. 마주 앉아 있는 거래처 사람의 이야기를 들어 주기는커녕 자신의 회사의 이익을 가져가기 위해 쓸데없는 말을 많이 합니다.

거래를 할 때 필요한 기술은 여러 가지가 있습니다. 그중 한 가지는 상대방이 무엇에 관심 있는지 살피고 그 관심 있는 것을 주제로 이야기하는 것입니다. 그러면 상대방 입장에선 자신에게 특별한 관심을 가져 주는 것처럼 느낍니다. 그러면 처음 하려고 했던 거래는 순조롭게 진행됩니다.

나는 회사에 대한 일을 말하지 않았는데 상대방이 먼저 회사 일을 꺼내면서 거래에 대한 내용을 긍정적으로 이야기합니다. 모든 사람은 관심 받고 싶어 하기 때문에 상대방이 관심 있는 것을 주제로 이야기꽃을 피우다 보면 내가 원하는 것을 얻어내기 쉽습니다.

당신은 성공한 사람이 어떤 식으로 성공했는지 배워야 합니다. 지혜는 세상의 어떤 다이아몬드로 바꿀 수 없습니다. 하지만 대부분 사람은 지혜와 깨달음을 쓰레기 버리듯 버립니다. 별로 중요하게 여기지 않습니다. 당신은 이 책을 읽으면서 많은 깨달음을 얻었을 것입니다. 그 깨달음을 소중히 여기고 삶에 적용시켜 나가십시오. 그러면 당신의 삶이 더욱 풍성해집니다.

지혜를 얻으십시오. 사람들은 지혜와 깨달음의 가치를 모릅니다. 적어도 당신은 지혜와 깨달음의 가치를 알고 다른 사람의 지혜와 깨달음을 받아들이십시오. 그것이 어떤 것이든 상관없습니다. 돈은 당신의 손에서 떠나면 끝이지만 지혜는 그 사람의 머릿속에 영원히 남아 있습니다.

유대인은 전쟁터에 나갈 때도 지혜를 얻으려고 합니다. 유대인처럼 지혜를 사모하고 지혜를 얻으려고 노력하십시오.

유대인의 인구는 전 세계에 1,300만 명 정도밖에 안 됩니다. 유대인은 소수 인구지만 전 세계를 주름잡는 대부호가 많습니다.

그들은 어릴 때부터 지혜를 얻으라고 교육받습니다. 잠언을 근거로 하여 돈보다 지혜를 우선시하라고 가르칩니다. 지혜를 얻어서 그것을 활용하면 돈이 따라옵니다.

당신은 무엇보다 지혜를 소중히 여겨야 합니다.

지혜를 얻으면 하루를 천년 사는 것과 같이 풍요해집니다. 진주보다 지혜를 얻으십시오. 지혜를 얻지 않고 하루를 보내면 그 하루는 허무하게 보낸 것입니다. 지혜를 얻고 하루하루를 귀하게 살아야 값진 인생을 살게 됩니다.

지금 시대엔 인터넷을 통해 여러 가지 유용한 지식을 얻을 수 있습니다. 하지만 시대를 이끄는 천재들이 쓴 책을 통해 지혜를 얻어야 합니다.

수재, 영재가 쓴 책을 천 권 만 권 읽는 것보다 천재적인 책 한 권을 수십 번 읽는 게 백배 낫습니다. 지금 내가 쓰고 있는 이 책도 천재적인 책입니다. 당신은 이러한 책을 밑줄 그어 가며 수십 번을 읽어야 합니다. 천재가 쓴 책은 저자가 삶에서 깨달은 지혜를 담아내기 때문에 가치가 어마어마합니다.

지혜를 얻기 위해 노력하십시오. 만남도 많이 가지지 말고 꼭 필요한 모임에만 나가십시오. 당신에게 주어진 시간은 그리 많지 않습니다. 시간을 잘 활용하여 깨달음을 얻고 그 깨달음을 삶에 적용시키며 살아갈 때 인생이 풍요로워지는 것입니다.

지혜를 활용해 돈과 연관된 일을 하면 대부호로 살 수 있습니다.

부요 마인드로 대부호의 삶을 꿈꾸라

당신의 마음은 부요합니까?

혹시 당신의 마음에 가난이 찌들어 있습니까?

나는 부요 믿음으로 부요한 삶을 만끽하고 있습니다.

지금 나는 가진 것이 별로 없더라도 필요한 것을 이미 다 가졌다고 믿습니다. 당신의 인생은 가난에 찌들어 있을 만큼 여유롭지 않습니다. 하루빨리 가난에서 벗어나 대부호의 세계에 들어가야 하지 않겠습니까?

대부호가 되는 비결은 먼저 자신이 대부호라고 믿는 데서 출발합니다. 많은 책에서 "부자가 되려면 이렇게 해라. 저렇게 해라"고 가르칩니다. 과연 어떻게 해야 부자가 될 수 있을까요? 나는 이 책에서 가장 간단히 부를 쥘 수 있는 방법을 제시하려 합니다.

먼저 거지 마인드를 버려야 합니다. 그리고 부요 마인드를 가져야 합니다. 당신이 지금 돈이 없고 가진 것이 없다 할지라도 부요하다고 믿고 믿음의 말을 하십시오. 지금 내가 가난하다 할지라도 언제 부요해질지 아무도 모릅니다. 당신이 지금 어떤 말을 하느냐에 따라 미래의 상황은 극과 극이 됩니다. 따라 해 보십시오.

"나는 부요하다."

"나는 부요하다."

"나는 부요하다."

혹시 이 말을 하기가 어렵습니까? 주위 사람이 비난한다고요?

그렇다면 당신의 그 썩어빠진 애굽 마인드를 뿌리째 뽑아야 합니다. 이스라엘 사람은 애굽에서 노예 생활을 했습니다. 노예 생활을 하며 가난에 찌들어 살았습니다. 위생은 말할 것도 없고 식생활이나 환경 또한 처참했을 것입니다.

당신은 어떻습니까? 애굽 마인드는 곧 노예 마인드입니다. 애굽 마인드를 가지고 있다면 지금 즉시 버리십시오. 그리고 부요 마인드 즉 천국 마인드를 가져야 합니다.

부를 가질 수 있는 비결은 세 가지로 정리할 수 있습니다.

첫째, 예수님처럼 부요한 마음을 가져야 합니다.

"우리 주 예수 그리스도의 은혜를 너희가 알거니와 부요하신 이로서 너희를 위하여 가난하게 되심은 그의 가난함으로 말미암아 너희를 부요하게 하려 하심이라."(고후 8:9)

예수님은 언제나 부요하셨습니다. 태어날 때부터 죽기 전까지 항상 최상의 것을 가지셨습니다. 다만 십자가에 못 박히는 한 순간만 벌거벗김으로 우리의 가난을 대신 짊어지셨습니다. 예수님이 가난케 되심으로 우리가 부요해진 것입니다. 그러므로 당신은 부요하다는 마음을 품고 살아가야 합니다. 그러면 부가 나타납니다.

둘째, 부정적인 말을 하는 사람은 차단하십시오.

내가 가장 많이 말하고 가장 중요하게 여기는 부분입니다. 여기는 전에 알려준 바와 같이 하면 됩니다. 부정적인 사람이 가까이 있다면 그 사람을 끊거나 멀리하십시오. 부정적인 사람을 바꾸고 싶다면 한 번 정도 큰소리를 지르고 화내며 그 사람이 돌이킬 수 있도록 길을 제시하고 설득하십시오.

셋째, 럭셔리 마케팅을 하십시오.

럭셔리 마케팅이란 무엇일까요? 처음 나온 단어라 생소할 것입니다. "럭셔리"의 사전적인 뜻은 '호화로움, 사치(품), 자주 누릴 수 없는 기쁨이나 혜택' 등입니다. 에덴동산은 럭셔리 동산이었습니다.

럭셔리에는 몇 가지 중대한 속성이 있습니다. 영존성, 희귀성, 구별성, 독보성, 장소성, 비용성, 시간성, 고수익성 등입니다.

럭셔리한 물건의 대표적인 것은 책입니다. 책은 위의 럭셔리 속성을 모두 다 포함하고 있습니다.

책은 영원히 남는 영존성이 있습니다.

책은 저자만이 가지고 있는 깨달음을 담아내 희귀합니다.

책을 내면 독자의 위치에서 저자의 위치로 구별되어집니다.

책을 내면 독보적인 위치에 있게 됩니다.

책은 시간을 뛰어넘어 미래의 자손들에게 전달되어집니다.

책을 잘 써내면 바이블 마케팅을 할 수 있고 그 결과 돈을 많이 벌게 됩니다. 그러므로 만사를 제쳐 두고 책을 써내야 합니다.

마지막으로 적은 돈으로 최고의 성공을 할 수 있는 길입니다.

이처럼 럭셔리한 물건을 만들면 많은 돈을 벌 수 있습니다.

럭셔리한 물건은 보석이나 시계 등 다양합니다. 럭셔리한 물건은 가격이 비싸며 그 가격이 내려가지 않고 꾸준히 올라갑니다.

럭셔리 마케팅을 할 때 돈을 버는 것은 쉽습니다.
럭셔리 마케팅으로 대부호가 되십시오.

하나님의 사업 방식으로 사업하라

당신은 하나님의 사업 방식을 배워야 합니다.

하나님의 사업 방식을 알게 되면 당신의 사업에 엄청난 변화가 있게 됩니다. 큰돈을 벌고 하는 일마다 다 잘됩니다. 나도 하나님의 사업 방식을 알게 되면서 하는 일이 다 잘됐습니다. 일에 대한 걱정 근심도 사라졌습니다.

하나님의 사업 방식을 배우기 위해 성경을 펴 봅시다.

창세기 1장과 2장에 이런 내용이 나옵니다.

"태초에 하나님이 천지를 창조하시니라. 땅이 혼돈하고 공허하며 흑암이 깊음 위에 있고 하나님의 영은 수면 위에 운행하시니라."(창 1:1~2)

여기서 하나님께서 천지를 창조하셨고 그때 땅이 혼돈하고 공허하며 흑암이 깊음 위에 있었다고 합니다. 이것은 아직 다른 것들이 만들어지지 않은 카오스(chaos, 혼돈, 혼란)상태를 말합니다.

"하나님이 이르시되 빛이 있으라 하시니 빛이 있었고 빛이 하나님이 보시기에 좋았더라. 하나님이 빛과 어둠을 나누사 하나님이 빛을 낮이라 부르시고 어둠을 밤이라 부르시니라."(창 1:3~5)

그 다음에 "하나님께서 이르시되 빛이 있으라 하시니"라고 되어 있습니다. 잠깐 사람들의 생각을 살펴봅시다. 대부분 사람들은 부를 얻기 위해 열심히, 땀을 뻘뻘 흘리며 수고로이 일해서 한 푼 두 푼 돈을 모아야 한다고 생각합니다. 하지만 내 생각은 다릅니다.

배움의 과정으로써 공사장에서 한 달 정도 짧은 기간 일해 보거나, 아니면 회사에 들어가서 2~3년 정도 일하는 것은 괜찮다고 봅니다. 그런데 막상 회사에 취직하면 '평생 그 회사에 머물며 일해서 먹고살아야지' 하는 마음으로 눌러앉는 경우가 많습니다.

나도 중학생 때는 '알바 하면서 몇 만 원씩 모아 저축해 두면 언젠가 돈이 많이 모이겠지' 하며 알바를 해보려고 여러 곳을 알아봤습니다. 그러다 다시 생각해보니 '알바 하면서 몇 푼 벌어 가며 모으는 것보다 차라리 처음부터 몇 백, 몇 천만 원을 벌면 어떨까?' 하는 생각을 했습니다.

나는 이 생각을 빨리 하기를 잘했다고 생각합니다. 보통은 대학교까지 나와 대기업에 취직하는 것만을 목표로 하고 있습니다. 그렇게 대기업에 취직해 봤자 초봉은 100~200만 원 정도이고 10년 정도 다녀 승진을 거듭하면 400~500정도 월급을 받습니다.

나는 그렇게 대기업에 취직하는 것보다 대기업을 세우는 것이 더 나을 것 같다고 생각했습니다. 그 길은 험난하고 여러 번 좌절을 겪을 지도 모르겠습니다. 하지만 나는 모험을 즐기며 살 것입니다.

내 나이 18세인데 120세까지 살려면 적어도 100년이란 세월을 더 보내야 합니다. 그렇다면 그 정도 좌절과 시련은 별거 아니라고 생각합니다. 포장마차를 끌거나 직장에 다녀도 그 정도 좌절과 시련은 있기 마련이기 때문입니다. 그렇지 않습니까?

다시 창세기로 돌아갑시다.

"하나님이 이르시되 빛이 있으라 하시니 빛이 있었고……."

여기서 하나님께서 무엇을 하셨습니까? "하나님이 이르시되"라고 했습니다. 자, 짐작이 되십니까? 바로 '말'입니다.

하나님께서는 '말씀'으로 천지 만물을 만드셨습니다.

사람들은 육체노동을 통해 돈을 벌려고 합니다. 몸에 땀을 흘려 짐을 나르며 일하면서 돈을 벌면 된다고 생각합니다.

당신은 육체노동보다 정신노동이 엄청난 수익이 된다는 것을 알아야 합니다. 아침에 일어나면 적어도 30분 정도 책을 읽으며 생각하는 시간을 가지십시오. 생각하며 하루를 어떻게 살 것인지 계획하고 일을 진행 하십시오. 혼자 카페에 앉아 생각하는 시간으로 정신적 노동을 시작하는 것입니다.

하루를 살면서 깨달음을 하나라도 얻었다면 그 하루는 매우 값진 하루입니다. 하지만 하루에 깨달음이 하나도 없다면 그 하루는 버리는 것이 됩니다. 그냥 지나간 시간입니다.

"하나님이 빛을 낮이라 부르시고 어둠을 밤이라 부르시니라. 저녁이 되고 아침이 되니 이는 첫째 날이니라……. 하나님이 궁창을 하늘이라 부르시니라. 저녁이 되고 아침이 되니 이는 둘째 날이니라……. 저녁이 되고 아침이 되니 이는 셋째 날이니라……. 저녁이 되고 아침이 되니 이는 넷째 날이니라……. 저녁이 되고 아침이 되니 이는 여섯 째 날이니라……. 천지와 만물이 다 이루어지니라. 하나님이 그가 하시던 일을 일곱째 날에 마치시니 그가 하시던 모든

일을 그치고 일곱째 날에 안식하시니라.”(창 1:5~2:2)

하나님은 말씀으로 천지 만물을 창조하셨습니다. 여섯째 날까지 창조를 마친 후 일곱째 날에 안식하셨습니다.

어떤 이들은 “일요일에 쉬며 하나님께 예배하는 것은 잘못된 것이다. 일곱째 날이라고 했으니 토요일에 쉬며 예배해야지 왜 일요일을 안식일로 지키느냐?”며 딴죽을 겁니다.

안식일과 주일은 엄연히 다릅니다.

안식일은 구약의 율법으로 토요일에 쉬며 안식일을 지켰습니다.

주일은 안식 후 첫 날로 예수님이 부활하신 것을 기념하여 지키는 날입니다. 안식일은 천지 만물을 창조한 ‘하나님의 창조 사역’을 기념하는 날이며, 주일은 온 천하보다 더 귀한 영혼을 새로운 피조물로 창조한 ‘하나님의 구속 사역’을 기념하는 날입니다. 그래서 지금은 주일을 영혼의 안식일로 기념하며 지킵니다.

예수님은 하나님의 아들이십니다. 예수님께서는 안식일을 거의 지키지 않으셨습니다. 신약을 쭉 읽어보면 그분은 안식일에 병을 고치고 장거리 여행도 하시며 이삭도 주워 먹는 경우가 있습니다.

예수님께서 안식의 주인이시기에 거기에 매이지 않고 복음 전파에 힘쓰셨습니다. 또한 ‘구약의 안식일’은 예수님의 보혈 아래 ‘신약의 주일’로 완성되어졌습니다. “다 이루었다.”(요 19:30)

지성소를 가리던 휘장이 찢어졌는데 그 휘장은 사람의 힘으로 절대 찢을 수 없는 두꺼운 것이었습니다. 그런데 찢어질 때 위에서 아래로 찢어졌다고 기록되어 있습니다. 이는 하나님께서 직접 찢으셨다는 것을 말하고 있습니다. 이제는 언제 어디서든지 하나님께 나아가 예배할 수 있게 되었습니다.

유대인은 하나님의 일하는 방식을 알고 있습니다. 그것을 후손들에게 교육시킴으로 세상의 부를 끌어 모으고 그 부가 수천 년을 이어갑니다. 왜 그럴까요? 유대인들은 밤이 하루의 시작입니다.

성경 창세기에 "저녁이 되며 아침이 되니"가 반복되어 나옵니다.

당신도 하루의 시작을 저녁으로 잡으십시오. 단순하게 생각하면 안 됩니다. 저녁밥을 먹으면 벌써 밤이 되어 잠이 들 시간입니다. 그러면 일은 언제 시작할까요?

저녁을 먹고 잠자리에 들기 전부터 생각을 함으로 내일 어떻게 하루를 보낼 것인가를 계획하며 잠자리에 들어야 합니다. 잠을 충분히 잔 후 일어나면 책 읽으며 생각하는 시간을 가져야 합니다.

아침에는 무얼 하고 점심땐 무얼 하고를 계획하고 그 계획한 대로 움직여야 합니다. 때로는 계획해 놓았던 일이 생각대로 되지 않을 수도 있습니다. 그것은 별것 아닙니다. 하나님의 기름 부음을 따라 자연스레 흘러가면 됩니다.

중소기업이 왜 대기업으로 성장하지 못할까요? 마인드의 차이 때문입니다. 보통 대기업의 사장이나 회장은 퇴근하기 전 또는 밤에 다음날 해야 할 일을 지시합니다. 그리고 그 일을 어떻게 해결할 것인가 밤중에 고민하며 회의합니다. 때론 밤을 새우기도 합니다.

이에 비해 중소기업은 아침에 회의를 하고 모든 지시를 회의가 끝날 무렵에 합니다. 그렇게 되면 아직 아침잠이 덜 깬 상태로 일을 하게 됩니다. 아직 해결 방안도 못 찾은 채 하루 종일 생각하느라 시간을 허비합니다. 그러면서 월급날만 기다리다 보면 회사는 이익

창출을 못하고 결국 망하게 됩니다.

나는 곧 사업을 하려고 합니다. 이때 나는 위의 방식으로 직원들을 다스릴 것입니다. 당신이 만약 회사를 다니고 있고 상사라면 내가 말한 방식을 따라 해보십시오. 퇴근 시간에, 또는 밤에 다음날 해야 할 일을 모두 지시하십시오.

성경에는 여러 인물이 나옵니다. 그 중 요셉 이야기를 하겠습니다. 요셉은 막내였습니다. 그리고 부모의 사랑을 남달리 받고 자랐습니다. 아버지 야곱은 장자에게 주는 채색옷을 요셉에게 입혀 주었습니다. 형들이 양 치러 갈 때 요셉 혼자 남아 글공부를 했습니다. 그래서 형들의 시기와 질투를 한 몸에 받게 되었습니다.

결국 요셉은 애굽에 노예로 팔려 갔습니다. 하지만 모든 것이 하나님께서 준비하신 것이었습니다. 요셉은 하나님을 믿는 하나님의 자녀입니다. 그는 노예로 팔려 갔지만 뿜어져 나오는 카리스마는 왕의 카리스마였습니다.

애굽의 보디발 집에서 노예 생활을 하던 중 보디발의 아내가 요셉에게 풍겨 나오는 매력을 보고 함께 자기를 원했습니다. 보디발의 아내는 창녀 마인드를 가지고 있었습니다. 요셉은 거절했습니다. 그래서 누명을 뒤집어쓰고 감옥에 들어가게 되었습니다.

그런데 신기한 것은 감옥의 수장이 모든 일을 요셉에게 맡겼다는 것입니다. 요셉은 모든 일을 하나님과 함께 했습니다. 요셉은 인생에 딱 한 번 사람의 힘을 의지했습니다.

술 맡은 관원장의 꿈을 해몽해 준 후 그가 풀려나게 되자 자기를 감옥에서 빼내 달라며 사람의 힘을 의지했습니다. 그 관원장은 요셉을 새까맣게 잊어버렸습니다. 그후 바로가 꿈을 꾸었고 그 꿈을 요셉이 해몽해 주었습니다. 그리하여 요셉은 애굽의 국무총리가 되었습니다. 요셉은 애굽의 국무총리가 되면서 바로에게 인장 반지를 물려받았습니다.

"바로가 요셉에게 이르되 나는 바로라. 애굽 온 땅에서 네 허락 없이는 수족을 놀릴 자가 없으리라."(창 41:44)

요셉은 7년 풍년과 7년 흉년의 꿈을 해석했습니다.

7년 동안 곡식이 심히 많아 세는 것을 그쳤다고 했습니다. 그리고 요셉은 그 곡식들을 거두어 저장했습니다.

7년 풍년이 지난 후 흉년이 들었을 때 엄청난 가뭄이 왔습니다. 그때 약 한두 달 정도 시간이 흐르자 곡식이 바닥을 치기 시작했습니다. 당신이 하는 모든 일에 시간이 필요한 법입니다. 큰일을 진행할 때 한두 달 정도의 유예 기간이 필요합니다.

요셉은 곡식을 저축했습니다. 요셉은 하나님의 저축 방식을 따랐습니다. 하나님께서 지구에 모든 자원을 저축해 두셨듯이 요셉도 곳간에 곡식을 저축했습니다.

흉년 때 요셉은 곡물을 저장한 창고를 조금 열었습니다. 그리고 아주 비싸게 팔았습니다. 요셉은 하나님의 사업 방식을 따른 엄청난 사업가였습니다. 애굽 전역을 다 사들일 정도였으니까요.

요셉은 자기만의 독보적인 물건을 팔았습니다. 곡식입니다. 그 당시 요셉만 남아도는 곡식을 저축했던 것입니다. 흉년 때 곡식이 떨어지자 저장해 둔 곡식을 조금만 꺼내 팔았습니다. 백성들이 가져온 돈과 땅과 집과 가축 등을 모두 곡식으로 바꿔 주었습니다.

우리는 요셉처럼 저축하는 습관을 가져야 합니다. 그러기 위해 다음의 세 가지를 꼭 기억하고 실천하십시오.

첫째, 수입의 5분의 3을 저축하라.

둘째, 수입의 5분의 1로만 생활하라.

셋째, 수입의 5분의 1을 하나님께 드려라.

나는 처음엔 5분의 1만 저축했습니다. 5분의 1을 하나님께 드리고 5분의 3으로 생활했습니다. 하지만 그마저도 부족했습니다. 그래서 저축한 것까지 썼고 내 수중엔 돈이 하나도 없었습니다. 하지만 이 깨달음을 알고 난 뒤에는 5분의 1로만 생활하고 있는데 5분의 3으로 생활할 때보다 더 풍성하게 지내고 있습니다. 돈에 얽매이는 일이 없습니다.

5분의 1로 생활하고 남은 돈이 내 돈이 된다는 것이 마냥 기분이 좋았습니다. 돈이 점점 불어나는 것을 보면서 기쁨이 넘쳤습니다. 당신도 나처럼 하십시오.

첫째, 수입의 5분의 3을 저축하십시오.

왜 5분의 3씩이나 저축을 해야 할까요? 10분의 1만 저축하고 나머지를 다 쓸 수도 있는데 왜 5분의 3씩이나 저축하라고 할까요?

당신은 요셉처럼 저축하는 습관을 가져야 합니다. 그리고 5분의 1로 생활하다 그것이 떨어졌을 때 5분의 3을 저축해 둔 것에서 아주 급하게 쓸 때만 조금씩 꺼내 써야 합니다.

곳간에 남은 돈은 내 것입니다. 내 손에서 빠져나간 돈은 내 돈이 아닙니다. 온전히 내 손에 남아 있는 돈만이 나의 자산이 되는 것입니다.

당신은 수입이 단돈 천 원이 들어온다 할지라도 5분의 3을 저축해야 합니다. 그렇게 습관을 들이면 자동으로 저축하게 되고 어느새 돈이 많이 불어날 것입니다.

둘째, 수입의 5분의 1만으로 생활하십시오.

당신이 만약 100만 원의 수입이 생겼다고 합시다. 이 때 60만 원을 자신만의 곳간에 저장하고 20만 원으로 생활해야 합니다. 마찬가지로 만 원이 생기건 천 원이 생기건 똑같이 하여 습관으로 몸에 배야 합니다. 그리고 5분의 1을 계산하여 쓰다 피치 못할 사정에 의해 급히 써야 할 경우 5분의 3에서 조금 꺼내 쓰도록 합니다.

셋째, 수입의 5분의 1을 하나님께 드리는 것입니다.

당연한 것이지만 불신자는 거부감이 들거나 생소할 지도 모릅니다. 하지만 하나님께선 불신자 또한 돌보고 계십니다. 하나님을 경외하는 사람과 불신자를 똑같이 돌보고 계십니다. 누구는 축복을 더 주고 누구는 덜 주는 것이 아닙니다. 하나님께선 똑같이 햇볕과 단비를 내려 주십니다.

하나님께서 시키신 일을 잘 수행하면 축복을 주십니다. 하지만 하나님을 무시하고 자신의 힘으로 어떤 일을 처리하려고 하면 그 일이 잘되지 않고 더 힘든 문제가 생길 수도 있습니다.

하나님의 사업 방식으로 대부호가 되십시오.

120살까지 대부호로 사십시오.

신적인 열정을 가지고 즐겁게 일하라

당신의 인생엔 신적인 열정이 있습니까?

가슴이 불타오르는 열정이 없다면 시시한 인생입니다.

나는 열정을 다해 모든 일을 합니다. 그러면 마음이 즐겁습니다.

나는 지금까지 살아온 인생 중 지금이 가장 열정적인 때입니다. 미래를 위해 앞으로 달려 나간 '인생의 점화점'이라고 할 수 있습니다. 불이 붙은 시기입니다. 인간의 생은 짧습니다. 한번뿐인 인생, 허투루 쓸 만큼 길지 않습니다.

도미니크 보비가 쓴 〈잠수종과 나비, The Diving Bell And The Butterfly, 2007〉라는 아주 감동적인 책이 있습니다.

유명한 잡지의 편집장이자 두 아이의 아빠인 보비는 갑자기 '감금 증후군'(locked-in syndrome)에 걸려 온몸이 마비되어 왼쪽 눈만 움직일 수 있었습니다. 그런 중에도 한쪽 눈꺼풀을 깜빡여 세상과 소통하기 시작했는데, 절망에 빠져 죽을 수밖에 없었던 그가 희망을 찾게 되었습니다. 그것은 곧 책을 써야겠다는 것입니다.

보비는 자신이 원하는 단어를 왼쪽 눈을 깜박이며 언어 치료사에게 전달하여 그것을 글로 받아쓰게 했습니다. 정말 지루하고 힘든 작업이었지만 책은 다른 것과 달리 한 글자 한 글자가 고스란히 결과물로 남는 것을 보고 용기를 잃지 않았습니다.

결국 1년 3개월 동안 왼쪽 눈을 20만 번 이상 깜박여 130쪽이나 되는 책을 쓰게 되었습니다. 그는 죽었지만 그의 책은 지금도 살아 있습니다. 그의 이야기가 영화로 제작되어 상영되었습니다.

이처럼 하루라도 더 의미 있게 살아 보기 위해 애쓰는 사람이 있는가 하면 하루를 아무렇게나 보내는 사람이 있습니다.

당신은 어떻게 살고 있습니까? 하루를 천 년처럼 의미 있게 살려면 어떻게 해야 할까요? 그것은 신적인 열정으로 일하는 것입니다. 또한 즐겁게 일하는 것입니다. 당신도 열정을 다해 즐겁게 일하십시오. 그리고 그 열정으로 책을 써내십시오.

어떤 것을 하더라도 열정이 없다면 제대로 진행되지 않습니다. 책을 쓰는 것도 엄청난 열정이 필요합니다. 나는 그 열정을 유지하기 위해 동기 부여에 대한 책을 자주 읽습니다.

살다 보면 때로 열정이 식습니다. 그러면 다시 열정에 불붙여야 합니다. 두 가지 방법이 있습니다. 무엇일까요?

하나는, 하는 일이 잘 안 된다 싶으면 아예 놓아 버리는 것입니다. 그 하루는 잠시 쉬고 다른 일을 하며 몸과 마음을 쉬게 하는 것입니다. 그렇게 하면 다음 날은 다시 마음에 불이 붙어 열정을 가지고 미친 듯이 일할 수 있습니다.

하루는 책을 쓰다 진도가 나가지 않았습니다. 그래서 내팽개치고 다른 일을 했습니다. 그날은 책을 쓰지 않고 영화를 보고 게임도 하며 쉬었습니다. 그리고 다음 날 다시 책을 썼는데 몰입이 잘되어 진도가 쭉쭉 나갔습니다.

다른 하나는, 그날 하던 일이 안 되더라도 내가 정한 목표가 있으면 끝까지 붙들고 목표치를 끝내는 것입니다. 나는 이 방법을 시간이 부족할 때, 빨리 끝내고 쉬고 싶을 때 자주 씁니다.

책을 쓰다 진도가 안 나가면 그 자리에서 생각하고 고민합니다. 그러다 갑자기 내용이 떠올라서 정신없이 쓰다 보면 어느새 몇 시간이 지나가 있습니다. 신기합니다. 그렇게 목표치를 채우고 나면 뿌듯합니다. 쉴 때도 여유롭게 쉴 수 있습니다. 당신은 상황에 맞춰 두 방법을 적절하게 사용하십시오.

또 하루는 책을 출간하기 위해 마지막 작업을 할 때였습니다. 마감 날이 멀지 않아 시간이 촉박했습니다. 그래서 나는 하기 싫은 마음을 붙들고 하루 종일 작업했습니다. 그 후 몸살 나서 2~3일 푹 쉬었습니다.

열정이 식었습니까? 처음 열정을 회복하십시오. 당신이 처음 무언가에 꽂혔을 때 그 기분, 그 마음가짐을 다시 기억하고 생각하십시오. 처음 때로 돌아가 처음의 기분으로 일하십시오.

나는 지금까지 모든 일을 처음 하는 사람처럼 임했습니다. 처음에 하고 싶다는 마음을 가지게 된 계기를 생각합니다. 그때 느꼈던 열정, 마음가짐을 다시 불러일으킵니다.

당신의 열정이 식었다면 처음 임했던 마음가짐으로 다시 열정을 불붙이십시오. 그리고 열정을 다해 즐거운 마음으로 일하십시오.

가치 마케팅을 하면 큰돈을 벌수 있다

당신은 가치 마케팅에 대해 알고 있습니까?

물건이 아닌 가치를 팔아야 큰돈을 벌수 있습니다.

실제로 럭셔리의 세계에서는 물건이 아닌 가치를 팔고 있는데, 높은 가격을 정하므로 차별 또는 구별하여 그 가치를 높이는 것입니다. 그로 인해 아무나 근접하지 못하게 하여 희소성을 둡니다. 높은 가격이면 안 팔릴 것 같은데 백화점 명품 코너에 가보면 사람들이 줄 서 있는 장면을 보게 됩니다.

똑같은 물건이라도 백화점에서 제 돈을 다 주고 산 것과 뒷거래를 통해 반값에 산 것은 비록 물건이 같다 할지라도 그 가치는 다릅니다. 사람들이 가격을 사는 것이고 온전한 가격을 지불한데 대한 자부심을 느끼는 것입니다.

당신이 사업을 한다면 타의 추종을 불허하는 최고의 물건을 만든 후 거기에 희소성과 역사성, 전문성을 두어 가치를 높이고 가격을 아주 높게 매겨야 합니다. 이것이 럭셔리 마케팅입니다.

사업가가 물건을 만들었을 때 그 물건은 개인, 마켓, 마트, 백화점, 럭셔리 코너 등의 다섯 공간에서 거래가 이루어집니다. 그 중에서 럭셔리 코너는 실용성보다는 가치를 중요하게 여깁니다. 그러므로 럭셔리 영역에서 가치 마케팅을 해야 큰돈을 벌수 있습니다.

가치 마케팅이란 어떤 물건을 매겨진 값보다 더욱 가치 있게 홍보하여 파는 방법입니다. 이것을 시도해 보십시오.

당신도 어떤 물건에 가치를 매겨 높은 값에 팔 수 있습니다. 가치에는 정해진 기준이 없으므로 당신이 임의로 값을 정해서 팔면 됩니다. 그러면 사람들은 당신이 정한 값을 지불합니다.

어느 날 피카소에게 한 청년이 찾아왔습니다.

"저도 피카소 선생님처럼 크게 성공하고 싶습니다. 어떻게 하면 될까요?"라고 묻자 피카소는 캔버스에 1달러를 붙이고 붓을 휙휙 날려 순식간에 그림을 그린 후 말했습니다.

"이 그림은 500달러짜리 그림이네. 이 그림을 팔게."

피카소는 1달러에 그림을 그린 후 가치를 부여했습니다. 피카소라는 자기 이름에 대한 브랜드 가치를 부여한 것입니다.

가치 마케팅을 하기에 앞서 먼저 브랜드를 만들어야 합니다. 자신의 이름이 될 수도 있고 기업이나 회사의 이름이 될 수 있습니다. 그 다음 브랜드의 가치를 높입니다. 홍보와 광고를 통해, 입소문을 통해 이름값을 높입니다.

다만 신뢰할 수 있을 만한 물건을 만든 후입니다. 회사나 이름이 아무리 유명한들 신뢰할 수 없는 물건을 만들면 사람들은 당연히 "이 사람, 이 회사의 물건은 형편없는 물건이야. 신뢰할 수 없는 물건이야"라고 인식해 버릴 것입니다.

당신은 자신의 가치를 백배로 증가시켜야 합니다. 미래를 위해 자신에게 투자하는 습관을 가지십시오. 그렇게 자신의 가치와 수준을 증가시킬 때 그 수준에 맞는 큰돈이 들어옵니다. 천재의 수준에서 놀아야 어마어마한 돈이 굴러 옵니다. 수재, 영재의 수준에서 놀면 몇 백, 몇 천만 원 정도로 끝납니다. 하지만 천재의 수준에서 놀면 수십 수백억은 기본입니다.

자신의 이름이 널리 알려지지 않았다고 해서 가치 마케팅을 할 수 없는 것은 아닙니다. 천재의 수준에서 천재의 혼이 담긴 물건을 만들어 가치를 높게 정하고 가격을 높게 매기면 됩니다.

"물건이 아닌 가치를 팔라"는 말이 있습니다. 그렇습니다.

사실 대부호가 되는 것은 쉽습니다. 당신이 가진 무엇인가를 높은 값에 팔면 됩니다. 그것이 좋은 물건이든, 아니면 당신의 지혜를 담은 교육과정이든 높은 값을 책정하고 사람들에게 당당히 팔아야 합니다. 어떤 사업가는 "무엇을 살까 고민하지 말고 무엇을 팔까 고민하라"고 했습니다. 나는 이렇게 말하고 싶습니다.

"무슨 책을 사서 읽을까 고민하지 말고 무슨 책을 써서 팔까 고민하라. 비결을 담은 책을 써내어 비싼 값에 팔아라. 12주 교육과정을 패키지로 묶어 높은 값에 팔아라. 그러면 부자가 된다."

당신에게 팔 수 있는 물건이 있습니다. 그렇다면 높은 가치를 부여하고 높은 값에 팔아야 합니다. 이 물건을 어떻게 홍보하고, 가치에 대해 설명하는가에 따라 가격은 어마어마하게 달라집니다.

가치 마케팅의 가장 대표적이고 권위 있는 물건은 책입니다.

요즘 출판사들은 참 신기합니다. 책의 가격을 책의 내용으로 정하지 않고 종이 가격으로 정합니다. 책을 한 장에 50원, 많게는

100원까지 해서 9천 원, 1만2천 원에 팝니다.

나는 처음에 책의 가격이 왜 종잇장 수로 매겨지는지 이해가 안 되었습니다. 그렇게 종잇장 수로 가격을 매길 거면 폐지를 모아 책으로 내는 거랑 뭐가 다른가 하는 생각이 들었습니다.

책의 가격을 종잇장 수로 매긴 탓인지 요즘 작가들은 힘들게 생활합니다. 회사원보다 못한 봉급을 받는 작가도 많습니다. 나는 출판사들이 바뀌길 바라고 있습니다. 나도 출판사를 세울 것입니다. 나는 다른 출판사와는 달리 책 내용의 가치에 걸맞은 값을 매겨 비싸게 팔 것입니다. 그래도 잘 팔립니다.

나는 책을 쓸 때 삶의 깨달음을 담아냅니다. 그래서 가치가 어마어마합니다. 그 가치를 값으로 매긴다면 천만 원이 될 수도 있고 억 단위가 될 수도 있습니다.

가치를 부여해서 팔 때 처음엔 사람들이 비싸다고 할 것입니다. 하지만 그 가치가 얼마나 대단한가에 따라 값을 아무리 비싸게 매겨도 사람들은 사게 됩니다. 당신은 종이 한 장의 값을 따지지 말고 종이 한 장에 담긴 가치를 따지십시오.

책을 고를 때도 내가 얻어 갈 깨달음이 있는가를 두고 고르십시오. 수재, 영재의 책을 천 권, 만 권 읽는 것보다 천재의 책 한권을 수백 번 읽는 것이 낫습니다.

당신은 일 년치를 하루 만에 벌 생각을 해야 합니다.

어떻게 일 년치를 하루 만에 벌수 있을까요?

먼저 생각의 힘을 키워야 합니다. 천재적인 생각을 하고 천재의 사고방식을 배우십시오. 사람들은 생각하는 것을 힘들어합니다. 생각하고 말하고, 생각하고 행동하십시오. 말하고 움직이는데 한 번 더 생각하십시오.

그리고 뇌세포에 땀을 흘려야 합니다. 육체의 땀을 흘리면 돈을 몇 푼 밖에 못 법니다. 하지만 생각을 하고 아이디어를 끄집어내며 뇌에 땀을 흘리면 돈을 많이 벌 수 있습니다.

생각하는 시간을 많이 가지십시오. 하루 24시간 중 30분이라도 시간을 내어 혼자만의 시간을 가지십시오. 생각하고 고민할 때 당신 앞에 놓인 수많은 문제들의 답이 나올 것입니다.

당신의 인생에 성공이 찾아오기 바랍니다.

더러운 음식을 끊고 깨끗한 음식만 먹으라

당신은 어떤 것을 먹고 마십니까?

혹시 더러운 음식, 먹어선 안 되는 음식을 먹진 않으십니까?

당신이 먹고 있는 것이 당신의 체질을 형성합니다. 지금은 혀의 쾌감을 위해 아무 거나 먹지만 그것이 10년 후에는 암, 중풍, 심장병 등 큰 병으로 나타납니다. 음식을 자제해야 합니다.

나도 깨닫기 전까지 아무렇게나 손이 가는대로 입에 집어넣으며 먹어선 안 될 음식까지도 마구 먹었습니다. 지금은 잘 분별해서 깨끗한 것만 먹고 있습니다.

사람은 건강해야 장수하고 성공도 기대할 수 있습니다. 아무리 크게 성공한들 병들고 목숨이 오늘내일 한다면 무슨 소용 있겠습니까? 건강을 잃으면 다 잃은 것과 같습니다.

성경 레위기에 보면, 하나님께서 이스라엘 백성들에게 먹어도 되는 것과 먹어선 안 되는 것들을 정확히 구별해 주셨습니다. 그 이유는 당시 이스라엘 백성들이 애굽을 빠져나온 지 얼마 되지 않아 노예처럼 아무렇게나 먹어 댔기 때문입니다.

하나님께서 부정한 음식과 정한 음식을 명확히 나누셨습니다.

어떤 사람은 이것을 두고 과학적으로 논리 정연하게 설명해 달라고 말하겠지만 천지 만물을 창조하신 하나님이 만물의 속성을 가장 잘 아시기 때문에 그분의 말씀을 믿고 순종해야 합니다. 과학과 의학과 물리학 등의 주인은 하나님이십니다.

기본적으로 굽이 갈라져 쪽발이 되고 되새김질하는 것은 먹어도 됩니다. 하지만 두 가지를 충족시키지 못한 생물 곧 돼지, 개, 낙타, 토끼, 너구리 등은 먹지 말아야 합니다.

굽이 갈라졌지만 되새김질하지 못하는 것이나 되새김질은 하지만 굽이 갈라지지 않은 것은 절대로 먹으면 안 됩니다. 간사한 상인들은 아홉 가지가 나빠도 한 가지 좋은 것만 들먹이며 몸에 좋다고 홍보합니다. 그런 고기들을 상품화하여 대량으로 팝니다.

그런 동물들은 대지(大地)의 청소부이며 몸에 각종 안 좋은 성분을 포함하고 있습니다. 대표적으로 돼지는 진흙탕을 뒹굴며 아무 음식이나 마구 먹습니다. 음식물 쓰레기를 먹어 치웁니다.

개나 돼지를 도축하며 먹으면 안 좋은 것이 우리 몸속으로 다 자리 잡게 됩니다. 그것이 축적되어 10년 정도 잠복 기간을 가진 후 암과 중풍, 뇌졸중, 기형 같은 각종 병으로 나타나게 됩니다.

현대에는 '성인병' 곧 '생활 습관병'이라는 무서운 존재가 자리 잡고 있습니다. 그 병은 어린아이에게도 나타나고 있습니다. 이는 사람들의 생활 습관이 얼마나 엉망인지 알려주고 있습니다.

생활에서 나온 잘못된 습관이 10년 후 나 자신을 어떻게 바꿀지 아무도 모릅니다. 잘못된 습관을 가지고 있다면 당장 고쳐야 합니다. 유태인들은 새우나 문어, 오징어도 먹지 않습니다.

또 다른 먹어선 안 될 음식이 있습니다. 구약의 부정한 음식과 함께 현대의 부정한 음식인 첨가물입니다. 현대사회엔 '첨가물'이라는 화학 재료가 넘쳐 나고 있습니다. 그것은 독입니다.

아무리 미세한 소량이라도 먹으면 치명적인 화학 첨가물을 아무렇게나 듬뿍 집어넣어 맛과 향만 극대화하여 팝니다. 이것들도 처음엔 아무 지장이 없는 것처럼 보이지만 10년 정도 지나면 몸이 크게 달라집니다. 몸이 다 망가집니다.

나는 음식에 대해 마다하지 않았습니다. 그냥 주는 대로 먹으면 괜찮을 거라고 생각했습니다. '설마 사람들이 돈을 받고 못 먹을 음식을 주겠어?'라고 생각했는데 정말로 못 먹을 음식을 주는 것이었습니다. 또 '음식은 뭘 차려 놓아도 기도하고 감사한 마음으로 먹으면 돼, 뭘 따져?'라는 마음을 가지고 있었습니다.

하지만 지금은 음식에 대해 고민하고 연구하여 안심하고 먹을 수 있는 음식을 골라 먹습니다. 기본적으로 일곱 가지인데 곡식, 채소, 과일, 소고기, 양고기, 가금류, 생선 등입니다. 이를 요약하면 '곡채과소양가생'입니다. 하나씩 알아볼까요?

첫째, 곡식입니다. 현대의 곡식은 믿을 만한 것이 별로 없습니다. 농약을 마구 뿌려 대고 화학약품 대량 살포, 유전자 변형 등 해선 안 될 짓을 해서 대량 생산하여 팝니다. 당신은 의심할 여지없이 먹었을 것입니다. 당신은 지금 자신이 무엇을 먹는가에 대해 심각하게 생각해 봐야 합니다. 곡식을 먹더라도 가능하면 국내산 유기농법을 사용한 곡식을 먹도록 하십시오.

둘째, 채소입니다. 채소를 먹으면 몸에 활력이 생기고 의욕이 생깁니다. 다이어트가 되기도 합니다. 채소도 깨끗이 씻어서 먹고 최대한 농약을 적게 사용한 것을 사 먹어야 합니다.

셋째, 과일입니다. 나는 어릴 때부터 과일을 많이 먹었습니다. 어머니가 매일 아침에 챙겨 주셔서 사과, 배, 딸기, 포도 등 제철 과일을 많이 먹었습니다. 지금도 과일이라면 환장할 만큼 좋아합니다. 과일은 각자의 독특한 맛이 있고 영양가도 많기에 자주 먹습니다. 그렇지만 농약을 많이 사용한 것은 잘 씻어서 먹어야 합니다.

넷째, 소고기입니다. 소는 하나님께서 먹어도 된다고 한 생물입니다. 성경에 정한 동물이라고 기록되어 있습니다. 소는 깨끗한 동물이며 장이 세 개나 되어 되새김질을 하고 쪽발입니다.

다섯째, 양고기입니다. 우리 집 식구는 모두 양고기를 좋아합니다. 양은 제물로 사용될 만큼 깨끗한 가축입니다. 게다가 양은 순결의 의미로 사용되기도 합니다. 양고기를 먹으면 기운이 나고 생기가 돕니다. 하지만 대중에서 파는 양 꼬치는 삼가십시오. 양고기를 먹고 싶다면 고급 레스토랑이나 양고기 전문 식당을 찾아가십시오.

여섯째, 가금류입니다. 가금류는 닭, 오리 등입니다. 닭고기나 오리 고기는 우리가 일상에서 접하기 쉬운 고기입니다. 하지만 같은 닭고기, 오리 고기라 할지라도 어떤 방법으로 길렀는가와 어디서 고기로 만들어 어디로 공급되는가에 주목해야 합니다.

닭을 기를 때 닭장 안에 가둬 놓고 성장 촉진제를 투여합니다. 그러면 보통의 닭에서 나올 수 없는 거대한 크기의 고기가 나옵니다. 그렇게 싸고 많은 고기가 나오지만 인체에는 안 좋습니다. 그리고 그 닭고기가 어디로 가는지 알아야 합니다. 아이들이 자주 먹는

삼각 김밥 안에 들어갈 수 있고 치킨이 되어 식탁에 놓일 수도 있습니다. 최대한 좋은 닭고기를 사 먹어야 합니다.

일곱째, 생선입니다. 생선은 몸에 좋은 음식입니다. 예수님도 생선을 좋아하셨습니다. 비늘과 지느러미가 있는 생선만 먹어야 합니다. 비늘과 지느러미가 없는 바다의 동하거나 꾸무럭거리거나 바닥을 기어 다니는 생물은 먹어선 안 됩니다. 맛있다고, 영양가가 많다고 먹으면 건강에 치명적입니다.

그들은 바다의 청소부이기 때문입니다. 바다 생물의 시체를 먹고 사는 그들은 몸에 여러 가지 병균을 가지고 있습니다. 우리가 그것을 먹으면 병균이 잠복해 있다가 10년 정도 지났을 때 큰 병이 발생하기 시작합니다.

대표적으로 새우는 '바다의 바퀴벌레'라는 별명을 가지고 있습니다. 당신이라면 바다를 기어 다니는 바퀴벌레를 먹겠습니까? 육지를 기어 다니는 바퀴벌레도 못 먹는데 하물며 바다를 기어 다니는 바퀴벌레를 맛있다고 영양가가 많다고 먹습니까? 당장에 멈추십시오. 자신을 파멸로 이끄는 식습관입니다.

내가 요즘 음식에 대해 이야기를 하면 내 말을 들은 사람들은 그 음식을 다시 쳐다보지도 못한다고 합니다. 맞는 말입니다. 하나님이 금하신 것들은 징그럽습니다. 또한 화학 첨가물이 섞인 현대의 음식은 먹을 수 없을 만큼 피폐해져 있습니다.

십대를 위한 책인 만큼 지금 무엇을 먹는가에 따라 당신의 미래에 건강이 올 수도 병이 올 수도 있다는 것을 인식하고 당장 바꿔 나가야 합니다. 건강하게 대부호로 살아야 하지 않겠습니까?

당신이 얼마나 나이를 먹었든 식생활을 바꾸십시오. 배에 들어갔을 때 유익한 좋은 것을 선택하십시오. 하나님이 금하신 더러운 음식을 먹지 말고 건강에 좋은 깨끗한 음식을 먹어야 합니다.

요즘 사람들은 음식을 아무렇게나 먹습니다. 배를 채우기 위해 컵라면, 햄버거, 쏘시지, 어묵 등 몸에 안 좋은 음식을 허겁지겁 먹습니다. 특히 편의점에서 파는 음식들과 패스트푸드는 대부분 쓰레기 음식입니다. 쓰레기 음식을 자기 입에 집어넣고 그 병균을 몸속에 채워 다니는 게 믿겨지십니까?

지금부터라도 인식하고 생각을 바꾸십시오. 그리고 식습관을 바꾸고 생활 습관 또한 바르게 바꾸십시오. 잘못된 것은 바로잡아야 합니다. 지금부터라도 바꾸면 건강해집니다. 병이 안 생깁니다. 병의 90퍼센트는 먹는 것에서부터 옵니다.

또 여자들이 가장 많이 고민하는 다이어트도 위에 말한 일곱 가지 음식을 먹으면 자연스레 해결됩니다.

내가 그랬습니다. 초등학생 때 만해도 아무거나 먹고 지냈는데 중학교로 올라가면서 음식에 대한 것을 깨닫게 되었습니다. 그때까지만 해도 뚱뚱했습니다. 하지만 지금은 날씬하고 근육도 튀어나와 있습니다. 몸이 피곤하지 않습니다.

당신이 무엇을 먹느냐에 따라 건강하거나 병들 수 있습니다. 나쁜 식습관을 버리고 좋은 식습관을 가지십시오.

10년 후 건강한 모습으로 다시 봅시다.

럭셔리 마인드로 럭셔리 인생을 살라

당신은 가치 마인드에 세 가지 종류가 있다는 것을 아십니까?

마켓 마인드, 브랜드 마인드, 럭셔리 마인드.

보통 사람은 마켓의 삶을 살고 있습니다.

마켓은 시장이나 슈퍼같이 가격이 낮고 대중적인 것입니다. 싸구려 물건입니다. 사람들에게 무조건 싸게 보급만 하는 물건이 대체로 마켓입니다. 곧 실용적인 물건을 최저가에 보급합니다.

브랜드는 아주 유명한, 이름 있는 물건입니다. 명품 물건들이 브랜드입니다. 브랜드는 어떤 물건을 만들어 내면 처음엔 가격이 조금 높다가 계속 떨어집니다. 그리고 공장에서 찍어내기 때문에 금방 대중화되어 사람들에게 널리 보급되어집니다.

예를 들어 삼성이 최신 핸드폰을 출시했다고 합니다. 그러면 삼성에서 다른 핸드폰보다 낮은 가격을 책정하겠습니까? 전혀 그렇지 않습니다. 처음에는 한 개에 70만 원, 100만 원 하다가 점차 대중화되면서 가격이 떨어집니다. 그러다 50만 원에서 80만 원으로 떨어지다가 결국 공짜폰이 됩니다.

삼성에는 사람들이 생각하는 것보다 훨씬 많은 것이 발명되어 있습니다. 하지만 갑자기 그런 것을 모두 꺼내면 삼성은 돈을 벌지 못하고 사람들도 신제품에 금방 적응을 못하기 때문에 의도적으로 조금씩 기술을 선보이는 것입니다. 다른 브랜드 상품도 처음에는 비싸 보이지만 결국 가격이 떨어지기 마련입니다.

성공한 사람, 대기업의 회장들은 럭셔리의 삶을 살고 있습니다. 럭셔리는 희귀한 것입니다. 어떤 물건을 만들어도 공장에서 찍어내는 것과는 다릅니다. 장인이 손수 만들기 때문에 똑같은 것이 없습니다. 럭셔리는 어떤 물건을 만들어 내면 처음부터 매우 비싸며 그 가격이 떨어지지 않습니다. 오히려 가격이 올라갑니다. 장인이 만들기 때문에 한정판이며 몇 개밖에 없습니다.

가끔 떨어지긴 하지만 조금씩, 서서히 떨어지다 가격의 절반까지 떨어지면 그때부터 또 상승세를 타기 시작합니다. 그러면 원래 가격의 두 배로 갑자기 뛰어오릅니다. 럭셔리 아파트가 그렇습니다.

럭셔리는 오차가 있거나 물건 하나하나가 약간씩 비뚤어졌다 해도 사람들은 그것을 감수하고 기꺼이 삽니다. 장인이 손수 만들었기 때문입니다. 그래서 럭셔리는 시간이 돈이 됩니다. 한정된 물건이어서 시간이 지나면 가격이 계속 올라가기 때문입니다.

럭셔리의 대표적인 것이 도심 중앙의 땅과 집과 건물입니다.

시간이 지나면 무조건 값이 뛰어오릅니다. 때로 시장이 비활성화되어 값이 조금 내려갈 수는 있습니다. 하지만 떨어진 것을 메우고도 몇 배로 다시 뛰어오릅니다. 그 예로 잠실에는 땅 한 평에 천 원에서 2천 원 하던 시절이 있었습니다. 사람들은 그 땅의 가격이 더 이상 오르지 않을 거라고 했습니다. 하지만 값은 계속 올랐고, 잠실이 재개발되면서 지금은 땅 한 평이 몇 천만 원이나 합니다.

책도 수준이 있습니다. 마켓과 브랜드와 럭셔리입니다.

나의 아버지 김열방 목사님은 〈성령님과 교제법〉이란 책을 낸 후 두 번째 책으로 〈김열방의 두뇌개발비법〉을 써내셨습니다.

처음에는 그 책이 150쪽에 4,500원짜리였습니다. 그러면서 2쇄, 3쇄가 팔리고 내용을 조금 더 추가하여 6,000원하다가 나중에는 8,000원으로 높였습니다. 그리고 얼마 후에 250쪽으로 다시 증보판을 내서 만 원을 받았습니다.

몇 년 시간이 지나 내용을 더 추가하여 655쪽으로 다시 찍어냈는데 가격을 120만 원에 책정하여 팔았습니다. 그래도 많이 팔렸고 지금도 꾸준히 잘 팔리고 있습니다. 아버지는 마켓이나 브랜드 수준의 책이 아닌 럭셔리 수준의 책을 만드셨던 것입니다.

럭셔리의 세계는 시간이 지날수록 값이 기하급수적으로 뛰어오릅니다. 아버지는 이 책을 다음번에는 한 권에 490만 원으로 출간하려고 계획하고 있습니다. 그동안 쓰신 180권의 책 중에서 170권은 2만 원 정도로 책정하고 나머지 10권 정도는 럭셔리의 수준으로 100만 원 이상의 값을 매겨 책을 내겠다고 하셨습니다.

브랜드와 럭셔리는 가치가 다릅니다. 럭셔리는 희귀성, 희소성 때문에 가격이 자꾸 높아집니다. 지금이 가장 저렴할 때입니다.

당신도 만약 "머리 속에 있는 150억개의 뇌세포를 가동시켜 기억력, 이해력, 집중력, 몰입력, 거래력, 강연력, 저술력, 매매력, 통치력, 설득력 등을 수천 수백 배로 증가시켜라"는 내용이 담긴 〈김열방의 두뇌개발비법〉을 읽고 싶다면 지금 120만 원 할 때 사야 합니다. 시간이 지날수록 가격이 더 높아질 것이기 때문입니다.

브랜드는 시간이 지날수록 값이 떨어지지만 럭셔리는 시간이 지날수록 값이 뛰어오릅니다. 브랜드는 시간이 지날수록 대중화되지만 럭셔리는 시간이 지나면 희소성이 더욱 빛을 발합니다.

몇몇 사람과 단독으로 대면하여 가르치는 것도 럭셔리 교육입니다. 그것은 코치하는 일입니다. 코치는 럭셔리한 직업이며 아무나 할 수 없습니다. 전문가만 할 수 있습니다. 한 분야에서 최고가 된 사람이 할 수 있습니다. 내가 그 길을 가고 있습니다.

강의와 세미나는 브랜드입니다. 대중들 앞에서 강연을 하고 세미나를 하는 것인데 사람이 많아서 개개인을 다 챙겨 줄 수 없습니다.

강연은 브랜드의 성질을 가지고 있지만 럭셔리입니다. 직접 열 수 있고 단체에 초청받을 수 있습니다. 한 번 강연하면 100만 원에서 천만 원 이상의 강사비를 많이 받습니다.

책은 마켓과 브랜드와 럭셔리가 모두 포함된 물건입니다.

첫째, 책은 대중화되어 있기 때문에 브랜드에 포함됩니다.

둘째, 책을 쓰면 작가의 인지도가 생깁니다. 그렇게 인지도가 올라가면 작가의 몸값이 높아집니다. 시간이 지나고 내용을 추가하면 가격이 점차 높아져서 럭셔리에 포함됩니다.

셋째, 몇몇 책은 마켓에 포함됩니다. 하나님이 없다고 말하는 책, 점치는 책, 율법주의 거짓 가르침을 전하는 책은 싸구려입니다. 그 책은 읽을 가치가 없습니다.

책을 써내면 당신이 알고 있던 사람들, 당신을 아는 사람들의 태도가 완전히 달라집니다. 이전에는 당신을 멸시하고 뒤에서 욕하던 사람들이 당신에게 찾아와 깨달음과 교훈을 달라고 합니다.

나는 누구나 럭셔리의 삶을 살 수 있다고 믿습니다. 단지 생각의 차이일 뿐입니다. 어떻게 생각하고 말하고 행동하느냐에 따라 당신은 마켓이 될 수도, 브랜드가 될 수도, 럭셔리가 될 수도 있습니다.

럭셔리의 삶을 꿈꾸고 럭셔리 마인드를 가지십시오.

당신은 럭셔리의 삶을 살 수 있습니다.

럭셔리의 삶, 화려한 삶은 당신 가까이 있습니다. 다만 인식을 하지 못할 뿐입니다. 사람에게는 기본적으로 자급자족할 능력이 있습니다. 돈 버는 능력 말입니다. 하지만 그것을 어떻게 활용하느냐에 따라 수억을 벌수도 있고 수백만 원 밖에 못 벌기도 합니다.

그렇다면 어떻게 돈을 벌까요? 당신은 먼저 돈 벌 능력이 충분히 있다는 것을 인식해야 합니다. 그 다음은 브랜드와 럭셔리의 원리를 이해하고 받아들이십시오. 그것을 삶에 적용하고 활용하면 됩니다. 돈 버는 것은 쉽습니다. 자세히 알아보겠습니다.

첫째, 당신이 활용해야 하는 것은 럭셔리의 원리입니다.

럭셔리한 거래는 시간을 두고 지켜봐야 합니다. 땅을 샀다고 합시다. 당장 급하다고, 잠깐 값이 떨어졌다고 팔아 버리면 큰 손해입니다. 기준치를 잡아 놓고 그 기준에 달했을 때 팔아넘기면 됩니다. 집과 건물들도 마찬가지입니다.

예를 들어 집을 2억에 사들였습니다. 1년이 지나고 2년이 지나고 시간이 지나서 집값이 두 배인 4억으로 뛰어올랐습니다. 나는 이 집을 5억에 팔려고 기준치를 잡았습니다. 그때 갑자기 집값이 반인 2억으로 다시 떨어졌습니다. 이 때 기다리지 않고 팔면 수익이 없

습니다. 당장 집값이 반으로 떨어졌다고 불안해하지 말고 기다려야
합니다. 럭셔리한 것은 값이 떨어진 만큼을 채우고도 남을 만큼 다
시 그 값이 크게 뛰어오르기 때문입니다.

나는 땅값이 올라가고 떨어지는 것을 주변 사람을 통해 여러 번
들었습니다. 그때 잠깐 떨어졌다가 원래 가격에 두 배로 뛴 것을 들
었습니다. 그래서 럭셔리한 물건은 잠깐 떨어져도 다시 오른다는
것을 알게 되었습니다.

나는 지금 값이 떨어지더라도 나중에는 오르겠지 하며 기다립니
다. 당신도 인내심을 길러야 합니다. 그러다 당신이 정한 기준치에
달했을 때 결단하고 팔아야 합니다.

사람들은 보통 땅값이 다 올랐을 때 사들이고 땅값이 밑바닥을
칠 때 팝니다. 당신은 반대로 생각해야 합니다. 땅값이 내릴 때, 사
람들이 가망이 없다고 할 때 당신은 땅을 사들여야 합니다. 또 땅값
이 오를 때, 가장 비쌀 때 당신이 정한 기준에 달하면 주저 말고 팔
아야 합니다. 이것이 돈을 쉽게 버는 비결 중 하나입니다.

둘째, 당신이 가지고 있는 재능을 발휘해야 큰돈을 법니다. 사람
마다 하나님께서 주신 재능을 활용하면 됩니다.

나는 언어에 재능이 있습니다. 나는 그 재능을 발휘하여 책쓰기
와 강연을 하고 있습니다. 나는 지금 하는 일이 재미있고 나에게 맞
는 일이며 또 하나님께서 하라고 지시하셨기에 사명감을 가지고 이
일을 감당하고 있습니다. 이 일은 최고의 직업입니다.

당신에게는 어떤 재능이 있습니까?

재능 있는 분야를 탐구하고 몰입할 때 돈은 알아서 굴러 오게 되

어 있습니다. 가끔 하나님의 부르심을 받아 내가 모르는 분야, 자신 없는 분야의 일을 하게 될 수도 있습니다. 그래도 하나님께서 지혜와 총명, 재능과 모략을 주셔서 그 분야에서 최고가 되게 하십니다.

셋째, 무엇이든 시도해 봐야 합니다.

당신은 아무것도 하지 않은 채 살아갈 겁니까?

모든 사람은 야망을 가지고 있습니다. 당신도 야망이 있다면 무엇이든 시도해 보십시오. 시행착오를 겪어보지 않고 어떻게 크게 성공하겠습니까? 모험을 즐기십시오.

당신은 죄짓는 것이 아니라면 무엇이든 시도해 볼 가치가 있습니다. 시도함으로 시행착오를 겪어보고 거기서 얻은 깨달음을 활용해서 다시 실수를 하지 말아야 합니다.

특정 분야에서 최고가 되려면 실패와 불편함을 감수하고 일해야 합니다. 하다 보면 실수할 수 있고 실패할 수도 있습니다. 모든 책임을 떠안고 혹독한 시련을 겪어야 할 때도 있습니다.

하지만 그런 것을 경험하며 더 많은 깨달음을 얻고 꾸준히 전진하면 실수하거나 실패하는 일은 점차 줄어듭니다. 어떤 일에든 지불해야 할 대가가 있기 마련이고 모든 문제는 당신이 생각하기 나름이라는 것을 명심하십시오.

모든 문제에는 크고 작은 가격표가 붙어 있습니다. 당신이 어려운 문제, 큰 문제를 해결하면 거기에 높은 가격표를 붙일 수 있게 되고 그 결과 큰 수입을 올릴 수 있게 됩니다.

당신은 모든 것을 해 낼 수 있는 능력이 있습니다.

돈 댐에 돈을 많이 저축해 놓으라

돈돈돈, 왜 사람들은 하나님께 돈을 달라고 부르짖을까요?

돈에 현혹되어 돈만 바라보고 인생을 살면 안 되지만 돈은 당신에게 꼭 필요한 도구인 게 틀림없습니다. 만약 인간에게 돈이라는 매체가 없었다면 지금도 물물교환으로 살아가야 했을 것입니다.

돈은 하나님이 우리에게 주신 지혜의 소산물입니다. 돈을 통해 다양한 사람들과 거래하고, 돈을 통해 온 천하에 복음을 전할 수 있는 길이 열립니다. 그러므로 반드시 많은 돈이 있어야 합니다.

어떤 이는 돈이 나쁘다고 생각합니다. 돈은 나쁜 것이 아닙니다.

교회는 돈을 부정적으로 바라봅니다. 교회에서 돈 이야기를 하면 그 사람은 돈에 현혹됐다고 정죄 당합니다. 그리고 교회에서 몇몇 사람들은 땅과 빌딩을 가지고 있지만 대부분 사람들은 찢어지게 가난한 삶을 삽니다. 모두 부요해져야 합니다.

하나님께서는 성경책에 분명하게 부요한 삶에 대해 적으셨습니다. 그리고 그분은 "내가 너희에게 쌓을 곳이 없이 누르고 흔들어 넘치도록 많은 복을 주겠다"고 약속하셨습니다. (말 3:10)

하지만 교회에서는 어떻게 가르칩니까? 부정적입니다.

"돈은 사탄의 물건이다."

"우리는 거지 나사로처럼 가난해야 구원 받는다."

"부자가 하나님 나라에 들어가는 것은 낙타가 바늘구멍에 들어가는 것보다 힘들다. 그러므로 우리는 가난해야 하나님 나라에 들어갈 수 있다."

절대로 아닙니다. 성경은 오직 '믿음의 법'에 대해 강조합니다.

성경 전체에서는 오직 속량 제물이신 예수님을 믿는 것으로 구원받을 수 있다는 것을 말씀하고 있습니다. 절대 가난하다고 구원 받는 것이 아닙니다. 부자라고 구원 받지 못하는 것도 아닙니다.

예수님이 십자가에 못 박혀 죽으심으로 우리의 죄만 아닌 가난까지 모두 대속하셨습니다. 그분이 우리 대신 벌거벗겨지므로 우리의 가난을 다 가져가셨습니다. 우리는 그리스도 안에서 부요합니다.

하나님께선 구약의 아담, 그리고 아브라함에서부터 당신에게 복을 한없이 많이 주겠다고 약속하셨습니다. 이 사실을 믿으십시오.

다윗은 환난 중에 금 10만 달란트를 저축했습니다. 당시 금 10만 달란트는 현재 한국 돈으로 계산하면 90조 원입니다. 그렇게 의롭다고 칭송받는 다윗도 돈을 많이 모았는데, 우리는 왜 그러지 못할까요? 생각을 바꾸어야 합니다.

솔로몬은 그보다 더 많은 재물이 있었습니다. 당신도 솔로몬보다 더 많은 재물을 가져야 하지 않겠습니까? 결코 가난을 믿고 가난해져선 안 됩니다. 하나님을 믿지 않는 불신자도 땅의 지혜로 돈과 재물을 많이 끌어 모으고 있습니다. 그런데 왜 하늘의 지혜, 곧 예수님의 지혜를 가진 우리가 가난해야 합니까? 나는 처음에 교회에서 돈 이야기를 하면 정죄 받는다는 말에 정말 신기해했습니다.

나는 하나님을 1순위로 사랑합니다. 내 목숨보다 더 사랑합니다. 누군가 하나님과 내 목숨을 저울질하라면 나는 감당 못합니다. 내 목숨보다 하나님이 더 무겁기 때문입니다. 그다음 2순위가 부모입니다. 3순위는 나의 가족, 나의 미래의 배우자, 미래의 아들딸 등등입니다. 4순위는 이웃입니다. 하나님은 "네 이웃을 네 몸과 같이 사랑하라"(마 22:39)고 하셨습니다. 그 다음 5순위가 돈입니다.

우리는 돈을 사랑하기보단 좋아하고 저축해야 합니다. 돈을 하나님보다 더 사랑하면 우상이 됩니다. 그렇기에 이웃 다음으로 돈을 좋아해야 합니다.

나는 지금 저축하는 습관을 들이고 있습니다. 요셉은 5분의 1을 저축했습니다. 다윗은 많이 저축했습니다. 솔로몬은 더 많이 저축했습니다. 다윗은 5분의2정도 저축했을 것입니다. 솔로몬은 5분의 3정도를 저축했을 것입니다.

솔로몬을 본받아 당신은 5분의 3을 저축해야 합니다. 그리고 나머지 5분의 2중 반은 하나님께 십일조의 두 배인 오일조로 드리고 남은 5분의 1로만 생활해도 지장이 없습니다. 그리고 정말 긴급한 일이 아닐 경우엔 저축한 것을 꺼내 쓰지 않습니다.

당신의 능력에 따라 비상금 곳간을 여러 개 만드십시오. 만약 수입이 약 200만 원이라고 합시다. 그러면 5분의 3을 저축한다면 140만 원을 저축하는 셈입니다. 통장을 5개 정도 만들면 좋습니다. 왜 굳이 5개나 만들어야 할까요? 그 이유는 여기 있습니다.

첫째, 일단 간단히 저축할 수 있는 금액을 정합니다. 20만 원 정도의 용돈을 받는 학생일 경우엔 10만 원 정도가 되겠지요.

둘째, 10만 원을 5개로 나눠서 저축해 둡니다. 이 통장의 이름은 5개 전부 비상금 통장이라고 칭하겠습니다. 한 달에 10만 원씩 5개월에 걸쳐 저축합니다. 그럼 50만 원 정도가 저장됩니다.

셋째, 따로 곳간 통장을 하나 더 만듭니다. 그 통장은 큰 통장입니다. 내가 꿈꾸고 소원하는 금액을 만들기 위해 그곳에 계속 넣기만 하고 건드리지는 않습니다.

넷째, 5분의 1로 생활할 때 돈이 모자라거나 급히 처리해야 하는데 돈이 없을 때를 대비해야 합니다. 5개의 비상금 통장에서 하나를 정해 그 통장만 조금씩 꺼내 씁니다. 그러면 나머지 4개에는 돈이 그대로 있겠죠? 그 4개의 통장에 있는 40만 원은 자산이 되고 큰 통장에 돈을 계속 저축하여 쌓이게 해야 합니다.

다섯째, 시간이 지나고 더 많은 수입이 생기면 그만큼 비상금 곳간도 규모를 더 크게 하십시오. 100만 원을 쉽게 저축할 능력이 있다면 비상금 곳간 5개를 100만 원씩 저축하고 하나를 정해 조금씩 쓰면 됩니다. 대부분의 사람들이 하는 것처럼 하나의 통장만 만들어 놓고 항상 바닥이 다 보이도록 쓰면 안 됩니다.

댐을 만들어 놓고 물과 같은 돈을 저장해야 합니다.

나는 이 방법을 '댐 저축법'이라고 합니다. 이 방법을 몸에 익히고 습관화하면 평생 돈 걱정 없이 살 수 있습니다. 물론 처음 시도할 때엔 얼마 모이지 않고 계속 빠져나가기만 할 수도 있습니다.

그래도 저축해야 합니다. 저축에 대한 열망을 가지십시오. 책쓰기와 마찬가지로 저축에 대해 열망하는 사람만이 저축할 수 있습니다. 당신은 저축에 대해 얼마나 열망하고 있습니까?

과거 '실패의 왕'에서 지금은 '경영의 신'이라 불리는 마쓰시타 고노스케는 "여유를 가지기 위해 자금을 비축하고 있어야 한다"고 했습니다. 여유가 없으면 일을 하면서도 자꾸 짜증이 나고 불평이 터져 나온다는 것입니다. 여유가 없으면 머리가 복잡해집니다.

어떻게 하면 여유를 가질 수 있을지에 대해 그는 말했습니다.

"댐에 물을 저장하듯이 돈 댐을 만들어 돈을 저장해야 한다. 수입이 생길 때마다 일을 더 크게 벌이며 그 돈을 다 쓰면 안 된다. 적정 수위의 돈을 항상 보유하고 있어야 마음에 여유가 생긴다. 나는 만약 경기가 안 좋고 수입이 적어 돈 댐의 수위가 낮아지면 은행에서 대출해서라도 적정 수위를 맞춘다. 사업은 이익과 손해, 흑자와 적가가 교차한다. 물론 나는 반드시 수익을 낸다는 확고한 신념으로 일하고 있다. 그리고 어떻게든 내부 보유의 자금을 풍족하게 쌓아 놓으면 시장 경기에 대응할 수 있다. 불황 중에도 댐 경영을 하며 돈을 쌓아 두어야 한다. 사실 누구나 그러고 싶지만 잘 안 되는 이유는 열망이 부족해서이다. 돈 댐에 적정 수위의 현금을 항상 보유하겠다는 뜨거운 열망을 가지면 그렇게 된다. 사업하는 사람은 때로 이자를 좀 주더라도 현금을 확보해 두어야 한다. 당신도 댐 경영을 하겠다고 갈망하라. 갈망하면 그러면 기업의 운명이 바뀐다."

성경의 인물들은 대부분 돈 댐을 만들어 저축했습니다. 아브라함, 이삭, 야곱, 요셉, 모세, 다윗, 솔로몬 등의 인물들은 하나님이 자신에게 주신 물질의 복을 잘 관리하고 굴려서 불린 사람들입니다. 그 결과 그들은 평생 돈을 구하지 않고 하나님의 낯을 구했습니다. 돈이 항상 넘쳤던 것입니다. 당신은 어떻습니까?

다윗은 시를 많이 지었습니다. 그는 시편 23편에 "여호와는 나의 목자시니 내가 부족함이 없으리로다. 내 잔이 넘치나이다"(시 23:1)라고 노래했습니다. 당신의 잔이 넘치는 것은 정상입니다.

당신이 왜 가난해야 합니까? 부자면 다 지옥에 들어간다고 누가 그럽니까? 사람의 기준입니다. 하나님의 기준에선 가난한 사람이나 부자나 똑같습니다. 오직 믿음으로 구원을 얻습니다.

당신은 세상에서 풍요롭게 살아야 합니다. 천국에선 당연히 부족한 게 없지만 세상에서 부족한 것은 있기 마련입니다. 하지만 불평불만보다는 감사하게 부요 마인드를 가지고 살아야 합니다.

사람들은 하나님께 돈을 달라고 부르짖습니다.

"하나님, 저에게 일확천금을 주세요."

"하나님, 저에게 돈 보따리를 툭 떨어뜨려 주세요."

"하나님, 하나님이 저에게 많은 재물을 주시면 십일조도 하고 건축 헌금도 내겠습니다."

돈을 벌 수 있는 직접적인 일도 안 하면서 말이죠. 하지만 하나님은 당신이 그렇게 돈을 구하기만 하는 삶을 살기 원치 않으십니다. 하나님은 '일시적인 돈'도 구하면 주시지만 그보다 '지속적인 재물 얻을 능'을 당신에게 주셨습니다. 돈을 벌어야 합니다.

왜 사람들은 돈에 목숨을 걸까요? 왜 돈을 벌려고 땀을 뻘뻘 흘리면서 일을 할까요? 필요한 돈이 없기 때문입니다. 하나님이 안 주셔서 그런 것이 아닙니다. 돈을 어떻게 다루며 관리해야 할지 몰라서 평생 돈 때문에 끙끙거리는 것입니다.

돈에 휘둘리지 말고 돈을 다스려야 합니다.

댐 저축법을 배우면 하나님께 돈을 구할 일이 자주 안 생깁니다. 그렇기에 나는 댐 저축법을 아주 소중히 여기고 활용합니다. 돈이 이미 가득히 저장되어 있는데 하나님께 돈 달라며 부르짖을 일이 생기겠습니까? 돈이 아닌 다른 것을 위해 기도해야 합니다.

다른 사람들과는 달리 내 마음은 부요 의식이 넘쳐 나고 있습니다. 보통은 돈이 없어 불안해하고 몇 푼에 쩔쩔 맵니다. 하지만 나는 보이는 것을 믿지 않습니다. 내면에 잠들어 있는 재물 얻을 능력을 보고 있습니다. 나는 대부호가 될 것입니다. 땅과 빌딩을 사고팔며 나만의 거대한 사업을 할 것입니다.

당신은 부요 마인드를 가지고 살아가야 합니다. 그렇지 않으면 돈 많은 사람들 앞에서 주눅 들게 됩니다. 현상적으로 잠깐 돈이 없지만 부요 마인드로 당당하게 사람들과 만나야 합니다. 부요 마인드로 거리를 산책하면 카리스마가 풍겨 납니다.

돈도 많고 재산도 많지만 항상 부족하다며 가진 게 없는 사람처럼 궁상떤다면 정말 꼴불견입니다. 항상 부요 마인드를 가지고 부요하게 생활하십시오. 나와 함께 이렇게 말합시다.

"나는 부요하다. 내 안에 큰 형님이신 예수님이 살아 계심으로 나는 항상 부요하다. 내게는 하나님이 주신 재물 얻을 능력이 있다. 그 능력으로 지혜롭게 일하면 많은 돈을 벌 수 있다."

행복한 대부호 천재작가의 삶을 삽시다.

당신의 재산 가치는 600조 원이 넘는다

당신은 자신이 얼마나 소중하고 가치 있는 존재인지 아십니까?

당신의 가치는 적어도 100조 원 이상입니다. 한 사람의 몸 안에 60조 개의 세포가 있는데 한 개 1원이라고 해도 60조 원이며, 한 개 10원이라면 600조 원이 됩니다. 영혼을 제외한 육체만 갖고도 한 사람에 600조 원 이상의 가치가 있다는 사실을 기억하십시오.

그렇다면 내면의 가치는 얼마나 더 클까요?

자기 계발을 통해 내면의 힘과 가치를 실제로 꺼내 활용할 수 있습니다. 하지만 많은 사람은 그걸 무시하고 아무 생각 없이 먹고 살기 위해 육체적인 노동만 하며 힘들게 세월을 보내고 있습니다.

표철민은 중학교 3학년 때 벤처기업을 세웠습니다. 국내 최연소 CEO가 된 그는 도메인 등록업체를 세워 돈을 벌었고 '위젯' 프로그램을 국내에 소개해서 돈을 벌기도 했습니다.

"중학생이 무슨 사업을 하냐?"며 가장 가까운데 있는 사람들이 들고 일어나 반대했지만 그는 평소에 "되든 안 되든 일단 해보고 후회하자"는 신념이 있었기 때문에 저질렀습니다. 그는 "나는 잘 할수 있다"고 외치며 믿음으로 사업을 한 결과 매출이 많이 올랐습니다.

그는 자신의 성공 비결에 대해 이렇게 말했습니다.

"처음엔 온 가족이 반대했어요. 하지만 아버지 월급보다 더 큰 돈이 매일 통장에 찍히는 것을 보고 그때서야 다들 내가 사업하는 것에 대해 실감하며 인정하고 믿어 주었어요. 저는 가만히 앉아 세상을 관찰하며 혼자 생각을 많이 하는 편이에요. 그러면 형과 누나들이 바쁘게 움직이는 것이 눈에 들어와요. '왜 저 사람들은 저렇게 뛰어다니는 걸까? 왜 저렇게 만원 버스에서 시달리는 거지? 저 버스 회사와 기사는 한 달에 얼마를 벌까? 정보 시장의 미래는 어떻게 될까? 내가 큰돈을 벌 수 있는 길은 어디에 있을까?' 하고 끊임없이 생각해요. 그러면 돈을 벌 수 있는 아이디어가 떠올라요."

그 아이가 하루에 200만 원을 벌었다면 당신도 할 수 있습니다.

나는 한 달에 5천만 원, 1억, 10억을 벌 것입니다. 생각을 크게 하고 그런 돈을 벌 수 있는 전문 직업을 가지면 충분히 가능합니다.

사람들은 무의식중에 자신을 아주 작은 공간에 가둬 놓고 자신을 비하합니다. 그들은 자신의 말대로 인생이 만들어진다는 것을 모릅니다. 부정적인 입버릇으로 부정적인 말들을 되뇌며 삽니다. 자신을 하찮게 여기고 무시하는 말을 남 앞에서 쉽게 내뱉습니다.

그들은 자신에 대해 이렇게 말합니다.

"나는 볼품없어."

"나는 무의미한 존재야."

"나는 부족하고 연약해."

그렇게 말할수록 자신의 가치는 계속 떨어질 뿐입니다.

성경에 인생을 소금에 비유한 말씀이 나옵니다.

"너희는 세상의 소금이니 소금이 만일 그 맛을 잃으면 무엇으로 짜게 하리요 후에는 아무 쓸 데 없어 다만 밖에 버려져 사람에게 밟힐 뿐이니라."(마 5:13)

소금은 우리의 일상에 없어서는 안 될 소중한 재료입니다.

소금이 없다면 무엇으로 짠 맛을 느낄 수 있겠습니까? 당신은 자신이 소금 같은 매우 귀하고 꼭 필요한 존재임을 알아야 합니다.

자신의 가치를 깨닫고 인정해야 합니다. 자기 계발을 통해 내면의 가치를 더욱 높여야 합니다. 하루에 한 번씩 이렇게 말하십시오.

"내 가치는 600조 원 이상이다. 나는 매우 소중한 존재다. 소금 같은 세상에 꼭 필요한 귀한 존재다."

나는 지금 작가의 길을 걸어가고 있습니다.

나는 중학교를 다니면서 학교를 왜 다녀야 하는지 많은 고민을 했습니다. 여러 번 다른 관점에서 보기도 하고 입장을 바꿔 생각해 보기도 했습니다. 그러나 그렇게 밤새 고민만 한다고 해서 문제가 해결되지는 않았습니다. 나는 결국 일을 저질렀습니다.

나는 고등학교에 들어가면서부터 대학교는 가지 않을 거라고 결심 했습니다. 친구들에게도 선생님에게도 부모님에게도 대학을 가고 싶은 마음이 없다고 솔직히 말했습니다.

부모님은 별말씀 없었습니다. 하지만 선생님은 크게 걱정하셨고, 친구들은 걱정과 무시가 섞인 말로 왜 대학을 가지 않느냐고 물었습니다. 나는 그럴 때 대학을 가도 좋은 게 없다고 대답했습니다.

나는 고등학교에서 선생님에게 좋은 대학교를 가야 한다고 귀에 못이 박히도록 들었습니다. 사람들은 흔히 말하는 스카이 대학

(SKY: 서울대, 고려대, 연세대)에 들어가 졸업하는 것이 성공하기에 좋다고 합니다. 하지만 내 생각은 달랐습니다. 그렇게 좋은 대학, 꿈의 대학이라고 말하는 학교가 내 눈에는 초라해 보였습니다.

나는 지금 '○○대 졸업'이라는 한 줄의 스펙에 매이지 않습니다.

사람들은 좋은 대학을 졸업하고 유학 갔다 오고 박사 학위를 따면 대단한 줄 착각합니다. 그들은 수재입니다. 하지만 그런 사람은 결국 더 뛰어난 영재에게 휘둘리며 삽니다.

나는 그런 수재의 스펙에 연연하지 않습니다. 그 한 줄의 스펙이 나에게 행복을 주는 것도 아닌데다 부와 명예를 주는 것도 아니기 때문입니다. 절대 그런 일이 없습니다. 한 메뚜기가 뛴다고 다른 메뚜기가 따라 뛰는 것처럼 한번뿐인 소중한 내 인생을 다른 사람의 뒤꽁무니만 따라가며 살지 않을 것입니다.

나는 결국 부모님께 고민을 털어놓게 되었습니다. 내가 학교를 그만두고 내가 하고 싶은 일을 하겠다고 말씀드렸습니다. 부모님은 날 믿는다며 당장 학교를 그만둬도 된다고 하셨습니다.

내가 위의 생각을 하게 된 것은 부모님의 생각이 전염된 것 같습니다. 부모님도 평소에 나와 같은 생각을 하며 "네가 진정으로 원한다면 학교는 안 가도 좋다. 한번뿐인 소중한 인생, 네가 원하는 일을 마음껏 하며 살아라"고 하셨습니다.

부모님은 다른 평범한 아이들과는 구별되어 그들과 다른 세상에서 살아야 한다는 것과, 이번 일을 하면서 후회하거나 돌이킬 수 없다는 것을 명심하라고 하셨습니다. 하지만 부모님이 그런 말씀을 하기 전부터 나는 안 하고 후회하느니 차라리 해보고 후회하자는 생각을 가지고 있었습니다. 그리고 저질렀습니다. 그 결과 나는 지금 한없이 행복합니다. 내 인생은 백배나 더 풍요해졌습니다.

이 지면을 빌어 나를 믿어 준 부모님께 감사의 말을 전하고 싶습니다. 나는 벌써 〈원하는 것을 얻으려면 지금 저질러라〉는 첫 번째 책을 써냈고 이렇게 두 번째 책을 출간하게 되었습니다.

당신은 진정으로 어떤 일을 하며 살기를 원합니까?

큰 꿈을 가지십시오. 그리고 과감히 결단하십시오.

사람은 꿈꾼 대로 생각한 대로 다 이루어집니다.

나는 학교를 그만두겠다는 결심을 하면서 '학교'라는 작은 사회를 나왔습니다. 그것이 '세상'이라는 진짜 사회로 나가는 첫 발을 내딛는 기회가 되었습니다. 이제 하루 24시간은 고스란히 내 시간이 되었습니다. 나는 말할 수 없이 행복합니다.

더 이상 학교라는 시스템에 매이지 않고 눈을 뜨면서부터 나만의 자유로운 삶을 시작하게 되었습니다. 꿈만 같습니다.

나는 인생에 있어 가만히 있는 사람이 아닌 한 발을 떼어 앞으로 나아가는 사람이 되었습니다. 물론 그러한 자유에는 의무와 책임도 따르기 마련이죠. 나는 그 짐을 일찍 지기로 했습니다.

어느 날 내가 중학생 때 다니던 학원에 놀러 간 적이 있습니다. 전에는 내가 학교를 그만 둔 것을 학원 아이들과 또래 친구들은 몰랐나 봅니다. 선생님들과 학원생들이 내가 학교를 그만두었다는 소식을 듣자 처음 보는 일이고 평범하지 않은 길을 걷는다는 것에 대해 신기하게 여겼습니다. 재미있는 것은 학원의 아이들이 다들 나를 걱정했다는 것입니다.

"이제 뭘 해서 먹고 살아?"로 시작해서 "그럼 나중에는 뭘 해?"까지 수많은 걱정하는 말들이 오갔습니다. 나는 그들에게 내게는 더 큰 인생이 기다리고 있다고 몇 마디 해주었습니다.

하지만 내가 선택한 최고의 인생길에 대해 설명해 주어도 그들은 이해를 못하는 것 같았습니다. 어찌 보면 당연한 일입니다. 나는 그 아이들과는 차원이 다른 생각을 하고 있고 보통 사람들이 이해하지 못하는 영역에 발을 내딛고 있었기 때문입니다.

평범한 사람은 '저 사람이 저런 최고의 대학을 나와서 성공했네. 그럼 나도 저렇게 해서 성공해야지' 하고 생각합니다. 이처럼 대학이 자기 인생에 가장 큰 꿈인 사람들이 많습니다.

하지만 최고의 대학, 서울대와 동경대, 하버드대 같은 일류 대학을 졸업한다 해도 행복한 인생을 사는 사람은 극히 드뭅니다. 그렇다면 어떻게 해야 과연 행복하게 살 수 있을까요?

처음부터 진정으로 자신이 원하는 일을 하며 자신이 원하는 길을 가야 합니다. 거기에 참된 행복과 많은 수입이 있습니다.

나는 다른 사람들이 평범하게 걷는 '대학교를 나와 대기업에 취직하고 20대 후반에 결혼하여 가정을 꾸리고 회사에서 열심히 일해 모은 돈으로 자영업을 해야지'라는 생각을 버렸습니다.

나는 중학생 때부터 왜 사람들이 대학에 연연하고 대기업에 미련을 두는지 이해되지 않았습니다. 대신 나는 이런 생각을 했습니다.

'차라리 내가 그 대기업을 세우고 말지.'

'내가 하버드대학보다 더 좋은 대학을 설립할 거야.'

그리고 나는 결국 고등학교를 그만 두겠다는 결심을 하게 되었습니다. 그리고 지금은 나만의 길, 독보적인 길을 걷고 있습니다.

당신도 독보적인 길을 걸으십시오. 한번뿐인 인생인데 왜 자꾸 남의 눈치만 봅니까? 왜 남이 닦아 놓은 길을 가려고 합니까? 진정으로 당신이 원하는 일을 하며 진정으로 당신이 원하는 길을 걸으십시오. 그래야 평생 후회하지 않게 됩니다.

부모나 친구는 당신을 책임져 주지 못합니다. 당신의 인생은 당신이 선택하고 당신이 책임져야 합니다.

당신이 꿈꾸고, 당신이 생각하고, 당신이 결단하고, 당신이 움직여야 합니다. 세상에서 가장 불쌍한 사람은 돈이 없는 사람이 아닙니다. 꿈이 없는 사람입니다. 그리고 스스로 움직이지 못하는 사람입니다. 스스로 결단하고 스스로 움직이십시오.

거기에 참된 행복이 있습니다.

천재적인 지혜와 거대한 부를 상속하라

당신은 자녀에게 무엇을 물려줄 것입니까?

그들에게 물려줄 거대한 재산을 가지고 있습니까?

성공한 사람들 중 졸부가 된 사람은 자녀에게 돈만 물려줍니다. 그래서 3대도 못가고 자녀가 다 말아먹는 경우가 많습니다. 하지만 진짜 부자, 귀족은 자녀에게 지혜와 함께 돈을 물려줍니다. 그러면 자손 천대까지 가더라도 망하지 않습니다. 당신도 자녀에게 유산으로 재물만 물려줄 것이 아니라 지혜와 함께 물려줘야 합니다.

당신은 자녀를 어떻게 가르치고 있습니까?

나는 후에 결혼하고 자녀를 낳으면 나 자신의 교육 방식을 따를 것 입니다. 다른 사람의 교육 방식이 아닌 나만의 교육 방식 말입니다. 나는 내 자녀에게 너무 공부에 치중하지 않도록 권할 것입니다. 또한 열두 살이 되면 아이를 정신적으로 독립시킬 것입니다. 물질적인 독립은 추후에 아이가 알아서 하게끔 지도할 것입니다.

나는 지금 열여덟 살입니다. 그동안 나름대로 많은 것을 경험했지만 아이를 낳을 때가 된다면 또 달라질지 모릅니다. 하지만 나는 아이에게 무엇보다 먼저 큰 꿈을 불어 넣어 줄 것입니다. 그리고 자기가 하고 싶어서 공부하는 건 몰라도 내 쪽에서 아이에게 공부만 하라고 강요하며 몰아붙이는 것은 피하고 싶습니다.

나는 아이가 하고 싶은 일이 있다면 최대한 밀어 줄 것입니다. 그리고 중간에 포기하지 말라고 할 것입니다. 아이들이 직접 선택하고 그것을 실천함으로써 거기에 대한 자유와 책임을 가르쳐줄 것입니다. 한 번 결정 내리고 선택했다면 그것을 끝까지 밀고 가라는 것도 알려줄 것입니다.

나는 홈 스쿨을 통해 내가 직접 경험한 것, 깨달은 것을 자녀에게 재미있게 이야기하며 가르칠 것입니다. 홈 스쿨은 럭셔리한 교육입니다. 귀족은 홈 스쿨을 통해 자녀를 양육했습니다. 지혜와 유산을 함께 물려줬습니다. 우리나라 말로는 밥상머리 교육입니다. 나는 밥상에서 아이를 앉혀 놓고 교육할 것입니다.

그리고 내 자녀가 나를 따라 하는 것이 아닌 나를 본보기로 삼고 나보다 더 크게 성공할 수 있게 할 것입니다. 내가 겪었던 시련과 고난을 내 자녀에게는 겪지 않게 할 것입니다.

당신은 자녀를 어떻게 가르치겠습니까? 자녀에게 무조건 공부만 하라고 할 겁니까? 자녀가 숨 막혀서 질식하려고 할 때까지 공부에 매달려 꿈도 없이 살라고 할 겁니까?

모든 부모는 자녀가 자기보다 더 나은 삶을 살게 하기 위해 공부를 열심히 하라고 권합니다. 지나치게 공부를 가지고 다그치다 보면 자녀가 부담을 느껴 나쁜 길로 빠질 수도 있습니다.

어느 부모가 자기 자녀를 자기보다 나쁜 삶을 살아가기 원하겠습니까? 자녀에게 꿈과 희망을 불어 넣어 주십시오. 너무 공부에만 치중하지 마십시오. 학과 공부는 원하는 것을 얻어내기 위한 도구 중 하나일 뿐입니다. 그것이 목표가 되어서는 안 됩니다.

공부는 학교 공부와 인생 공부로 구분됩니다. 학교 공부만 하지 말고 인생 공부도 해야 합니다. 이제까지 학교 공부를 강요받았다면 지금부터 인생 공부를 시작하십시오.

사실 초등학교만 졸업해도 실생활에는 별지장이 없습니다. 한국은 중학교까지 의무교육이니 어쩔 수 없이 다녀야 합니다. 하지만 그 이상은 자녀가 스스로 선택하게 해야 합니다. 학교 공부 자체가 인생의 성공 목표로 자리 잡으면 불행해집니다.

공부를 잘한다는 것으로 인생이 성공할 거라고 합니다. 그리고 공부를 못하는 것으로 인생이 실패할 거라고 합니다. 하지만 이는 지극히 잘못된 생각입니다.

성공한 사람 중에 공부에만 치중하여 성공한 사람이 있습니까? 내가 들었던 사람 중에는 없습니다. 공부는 그저 성공을 위한 많은 도구 중 하나일 뿐입니다. 흥미가 있어서 하는 것은 괜찮지만 그것에 너무 매여 있다 보면 다른 귀중한 경험은 못하게 됩니다.

불교는 환생이 있다고 합니다. 하지만 인간은 한 번 왔다가 가는 것이고 하나님을 믿는 사람은 천국에서 영원한 안식을 누립니다. 그 외의 사람은 지옥에 들어가지만 그것을 막기 위해 하나님을 믿으라고 전도해야 합니다. 나 또한 기독교이고 하나님을 믿습니다.

나는 작가와 강연가의 길을 가고 있습니다. 책을 쓸 때 전도하는 메시지를 담고, 강연할 때도 전도하는 말을 합니다. 나는 사람들에게 책과 입술을 통해 내 생각을 전합니다.

나는 10년을 학교 다니며 시간을 보냈습니다. 그리고 지금 나는 새로운 인생을 아주 값어치 있게 살고 있습니다. 학교를 나온 것부터 시작해서 지금 이렇게 책을 쓰고 강연하는 것까지 모두 내가 선택한 것입니다. 그래서 더욱 행복합니다.

나는 사람들을 변화시키고 사람들 속에 박혀 있는 고정관념과 딱딱하게 굳어진 생각들, 그리고 '나는 안 돼', '나는 할 수 없어'라는 부정적인 마인드를 깨뜨리는 일을 할 것입니다.

사람들에게 긍정적인 마인드를 심어 주고 희망을 줘어 주며 모든 부정적인 생각을 버리도록 할 것입니다. 그것이 하나님께서 주신 나의 사명이자 나의 인생을 살아가는 나만의 방법입니다.

각자에게 주어진 사명을 완수하며 모든 일을 하나님께 맡기십시오. 그것만이 당신의 인생을 성공시키는 비결입니다.

"학생에서 작가 선생님으로 신분 상승."

당신은 정신적으로 독립해야 합니다.

"너는 아직 학생이야, 그 무엇도 하면 안 돼. 공부만 해."

학생은 제한 된 것이 너무 많습니다. 하나에서 열까지 다 선생님과 부모님의 허락을 받아야 합니다. 하지만 책을 써내면 신분이 '작가 선생님'으로 바뀝니다. 당신은 어떻습니까?

나는 학생이라는 신분에서 작가와 선생님의 신분을 얻었습니다.

사람들은 나를 보고 "작가 선생님"이라고 부릅니다. 그 이유는 내가 그들이 하지 못한 책을 써냈기 때문입니다. 첫 번째 책 〈원하는 것을 얻으려면 지금 저질러라〉에 이어 이렇게 두 번째 책을 멋지게 써냈습니다. 앞으로 나는 총 100권의 책을 낼 예정입니다.

당신은 이제 책을 쓰는 것이 얼마나 유익한지 알게 되었습니다.

그렇다면 실천하는 길만 남았습니다. 당신이 어떤 환경에 처해 있든, 어떤 상황에 놓여 있든 책을 써내겠다는 소원을 가지십시오. 그리고 실천하여 책을 써내십시오. 그렇지 않으면 평생 책을 쓰지 못하고 밑바닥의 삶을 살 것입니다. 나는 분명히 말합니다.

"꿈을 실현할 기회가 왔으면 놓치지 마라."

이제 당신에게 꿈을 실현할 기회가 왔습니다. 그것을 놓치지 말고 붙잡아야 합니다. 책쓰기학교에 등록하십시오.

책을 쓰는 비결은 지면상 여기에 모두 담기지 않았습니다.

책쓰기 비법을 배우고 싶다면 나에게 직접 코칭을 받아야 합니다. 가격이 조금 높습니다. 하지만 그 가격보다 값진 비법을 가르쳐 줍니다. 돈은 결코 아까운 것이 아닙니다. 돈으로 지혜를 사는 사람이 성공의 문에 가까운 사람입니다. 지혜를 사서 실천하는 사람이 성공의 문을 여는 사람입니다.

책 쓰는 비법을 배우고 지금 당장 책을 써내십시오.

성공하는 것은 쉽습니다. "실패는 성공의 어머니"가 아닙니다. "실패는 실패의 어머니"일 뿐입니다. "책이 성공의 어머니"입니다. 정말입니다. 책을 내면 성공했다고 인정받습니다.

실패했는데 성공했다고 인정하는 사람은 아무도 없습니다. 모든 성공의 끝은 책을 내어 후손에게 남기는 것입니다. 책 출간, 곧 끝에서부터 먼저 성공한 후 다른 일을 진행해 나가면 쉽습니다. 저절로 다 잘됩니다. 지금 당장 만사를 제쳐 두고 책을 써내십시오.

성공의 비결은 책부터 써내는 것입니다. 책을 써내서 성공했다고 인정받고 그 이후에 무엇이든 하십시오. 책을 써내면 무엇을 하더라도 사람들이 함부로 깔보지 않습니다. 책을 써낸 사람이 뭔가 큰 일을 한다고 하면 일방적으로 말도 안 된다며 비난하지 않습니다.

"맞아, 책도 써냈는데 다른 큰 꿈도 시도하면 이루어질 거야."

나는 당신이 이 책을 읽고 여러 깨달음을 얻어 삶에 적용하고 실천해서 성공하는 모습을 보고 싶습니다. 가장 먼저 나처럼 책부터 써냈으면 합니다. 인생은 한번뿐입니다. 그 한번뿐인 인생을 허투루 보내면 아깝지 않겠습니까? 그러니 당신도 책을 써내십시오.

"천국같이 살다가 천국으로 갑시다."

내가 다니는 교회 예배당에 적힌 글귀입니다. 천국같이 살려면 의인으로 성령 충만하고 건강하게 살아야 합니다. 그리고 무엇보다 가난의 종지부를 찍고 대부호로 살아야 합니다. 결코 가난을 대물림하지 마십시오. 산더미 같은 빚이 아닌 산더미 같은 유산을 남기십시오. 그러기 위해 성공해야 하는 것입니다.

밑바닥 인생에서 최상의 삶으로 오십시오. 차별의 삶에서 구별된 삶으로 오십시오. 당신이 지금까지 겪었던 모든 시련과 역경을 책으로 써내십시오. 당신의 이야기만큼 감동을 주는 것은 어디에도 없습니다. 책을 써내며 지금 당장 성공의 대열에 서게 됩니다.

나는 이 책을 읽은 당신이 이미 성공했다고 믿고 있습니다. 끝에서부터 성공하면 죽을 때까지 성공적인 삶을 이어갈 수 있습니다.

이 책을 닫으면서 이렇게 인사하고 싶습니다.

"크게 성공해서 천국같이 행복하게 살다가 천국에서 만납시다."

[감사의 글]

"나는 지금 한없이 행복합니다."

나는 지금 한없이 행복합니다.

나는 항상 감사하며 살고 있습니다. 그 원동력은 나에게 책을 쓰게 해주신 성령님입니다. 책 쓰는 재능을 부어 주셔서 이렇게 단권의 책을 내게 되었으니까요. 놀랍기만 합니다.

또 내 성장을 봐준 부모님, 친구, 지인들에게 감사의 말을 전합니다. 나는 지금 세계적인 대부호 천재 작가라는 꿈을 품고 한걸음씩 나아가고 있습니다. 나는 낙천가 마인드로 살고 있습니다. 그래서 지금 내 마음에 남은 것은 행복과 기쁨뿐입니다.

책을 내게 되면서 주위 사람이 나를 보는 눈이 바뀌었습니다. 그 때문에 나는 존중받으며 행복하게 하루하루를 살아가고 있습니다.

나는 하나님을 믿는 사람입니다. 하나님을 믿지 않았다면 지금쯤 지옥에 가 있었을 것입니다. 책을 내기 전까지는 괴로운 삶을 살았지만 내 이야기를 담은 책을 낸 지금은 날마다 즐겁습니다.

하나님이 내게 말할 수 없이 많은 애정을 부어 주셨습니다.

가끔 누군가 내게 와서 불행하다고 하면 나는 하나님을 믿으라고 권합니다. 그리고 성령님께 모든 문제를 맡기라고 일러줍니다. 성령님과 동행하며 책을 썼는데 이렇게 좋은 책이 나왔습니다.

책을 쓸 수 있도록 많은 깨달음을 주신 하나님께 영광을 돌립니다. 그리고 이 책을 읽어 준 독자 여러분께도 감사를 드립니다.

여러분도 반드시 책을 써내기 바랍니다.

십대에 책을 써내라

"십대들의 책쓰기 코치, 천재작가 김추수의 깨달음."

초판 1쇄 인쇄 | 2013년 9월 5일
초판 1쇄 발행 | 2013년 9월 10일

지은이 | 김추수
발행인 | 김사라
발행처 | 날개미디어
등록일 | 2005년 6월 9일, 제2005-44호
주소 | 138-229 서울시 송파구 잠실본동 197-7, A동 3층
전화 | 02)3431-8865, 010-2961-8865
메일 | wgec21@daum.net

ISBN 978-89-91752-42-9 43190

책값 20,000원